职业教育渗透实验教材

文科专业基础

WEN KE ZHUAN YE JI CHU

主　编 ◎ 杨国武　　副主编 ◎ 罗荣幸　黄秋梅

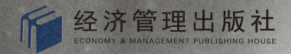

经济管理出版社
ECONOMY & MANAGEMENT PUBLISHING HOUSE

图书在版编目（CIP）数据

文科专业基础/杨国武主编 . —北京：经济管理出版社，2016.12
ISBN 978 - 7 - 5096 - 4666 - 3

Ⅰ . ①文…　Ⅱ . ①杨…　Ⅲ . ①文科（教育）—课程—中等专业学校—教材　Ⅳ . ①G634.301

中国版本图书馆 CIP 数据核字（2016）第 241853 号

组稿编辑：魏晨红
责任编辑：魏晨红　郭　虹
责任印制：黄章平
责任校对：雨　千

出版发行：经济管理出版社
　　　　　（北京市海淀区北蜂窝 8 号中雅大厦 A 座 11 层　100038）
网　　址：www. E - mp. com. cn
电　　话：（010）51915602
印　　刷：北京市海淀区唐家岭福利印刷厂
经　　销：新华书店
开　　本：787mm × 1092mm/16
印　　张：20.25
字　　数：501 千字
版　　次：2016 年 12 月第 1 版　　2016 年 12 月第 1 次印刷
书　　号：ISBN 978 - 7 - 5096 - 4666 - 3
定　　价：42.00 元

编 委 会

前　言

为贯彻落实国务院《关于加快发展现代职业教育的决定》的精神，全面推动县级中专综合改革工作，实现职业教育与普通教育的相互渗透、相互融通，在普通初中三年级第二学期，对不想升入高中的学生，在完成九年义务教育初中阶段课程的基础上，实行半年的职业教育渗透，开设职业教育指导课程，提供基本的就业知识和技术技能方面的训练，引导学生了解社会现状、经济结构、产业结构、职业岗位和技术发展态势，指导学生进行适合自身特点的职业选择和职业发展定位，为学生的终身发展奠定良好的基础，为经济社会发展培养大量高素质的劳动者和大批高水平的优秀人才。

根据学校的办学特色、社会的人才需求以及学生的学习兴趣，充分利用现有的校内、校外教育资源编写的农村初中三年级职业教育渗透校本课程，从农村初中三年级学生的实际能力以及从培养学生认识专业、选择专业、热爱专业的角度出发，结合职业学校专业特色选择教材内容，从专业认识、专业基础知识、专业基本技能三部分着手，各部分分别加入相应的知识点和实用技能，力求降低难度，增加实际操作，采用图文并茂的方法，由浅入深，用通俗易懂的语言阐述了各专业的发展前景和专业技术，体现了职业教育的特色，增强了职业教育的吸引力，以降低初中学生的辍学率，实现职业教育与普通教育和谐发展。

这套教材包括《文化基础》、《理科专业基础》、《文科专业基础》，注重实用性，突出职业教育特色，体现时代精神，可作为农村初中三年级学生开展职业教育渗透的培训教材，也可为广西县级中专综合改革试点工作的实践与探索提供借鉴经验。

本套职业教育渗透教材是由田东职业技术学校一线教师编写，由于时间仓促，编写水平有限，难免有不足、不妥之处，真诚地希望广大师生提出意见和建议。

目　录

第一单元

学前教育专业

认识专业

一、概述

学前教育是由家长及幼师利用各种方法、实物为开发学前儿童的智力，使他们更加聪明，有系统、有计划而且科学地对他们的大脑进行各种刺激，使大脑各部位的功能逐渐完善而进行的教育。学前教育也是指婴幼儿从出生到6岁这一年龄阶段的保育与教育，也常被称为幼儿教育或早期教育。

二、培养目标

本专业培养德、智、体、美、劳全面发展，热爱学前教育事业，具有扎实的理论基础、良好的学前教育理论素养，掌握学前教育基本知识和基本技能，了解学前教育发展趋势，拥有一定的实践教学能力的幼儿教师，掌握学前教育基本理论、专业知识及基本技能，能从事各级各类基层幼儿园保教、教学工作、管理工作的应用型人才。

三、专业考证

学生毕业时应获得相应的"普通话水平等级证书"、"计算机等级证书"和"外语等级证书"。

四、主要课程

本专业主要开设的课程有《学前心理学》、《学前教育学》、《学前卫生学》、《幼儿园教育活动设计与指导》、《音乐》、《幼儿园美术》、《舞蹈》、《手工》、《学前教育管理学》、《学前教育史》、《幼儿园课程》、《幼儿书法课程》。

五、职业方向

从事各级各类基层幼儿园保、教工作；幼儿园经营；儿童玩、教具开发；儿童营养食品销售；幼儿用品专卖店；在图书出版部门等从事与儿童教育事业有关的工作；游乐场等与本专业相关的工作岗位。

六、学前教育发展前景

学前教育是就业率最高的专业之一，目前几乎是供不应求，很多幼儿园都需要提前下订单。但是目前的社会不是缺少幼儿教师，而是缺少高文化、高素质的幼儿教师，这样的教师，不仅要拥有一定的艺术实践能力，还要拥有广博的文化素养和识物察人的智慧，以及敏锐的科研意识以及良好的科研能力。

学前教育有很多东西需要研究，从研究的眼光看问题，如果你不上大学，很多东西学不到，视野不开阔。儿童的教育，学前儿童的生理、心理、智力、兴趣等发展的特点和培养音乐、舞蹈、绘画等各种才艺的学习交流。另外，从社会现实角度讲，以后学前教育的发展会越来越规范、越来越完善，当然对老师的要求也就越高。总之，上大学和不上大学

音乐课堂

舞蹈课训练　　　　　　　　　　　　　钢琴课实训

电子琴课　　　　　　　　　　　　　　视唱课

观摩学习、户外课

的区别很大。近两年来凡是田东职业技术学校的学生，有学籍均可参加自治区统一的职业对口高考。职业高中和普通高中都属于高级中学的范畴，两者在性质上基本上都是一样的，但在广西职业高中学生不仅可以参加职业对口考试进入大学深造，还可以参加国家统一考试进入大学深造，但普通高中生是不允许参加职业对口考试的，所以从某种意义上讲，职业高中学生的升学空间更大一些，当然这些取决于学生的个人成绩，因为一般职业中学的学生成绩相对普通高中的学生来说是薄弱的，或许正是因此，教育部门才会让职业高中学生同时参加国家统考和职业对口考试。通常情况下，职业对口考上的学生和国家统一招考的学生在学校待遇（学籍以及各种奖学金申请条件）基本上都是一样的，而且所拿的毕业证书和学位证书与统一招生都是一样的。所以说通过参加职业对口高考，对于基础比较薄弱的学生来说是一次很好的机会！职业对口招考的院校基本上以本省高校为主，有本科也有专科，其他省市会有一两所本科高校来本省招收学生。记住一句话：大学不仅是一个学习知识的地方，更是一个锻炼自己各方面素质的地方，不要被眼前的大学就业压力所困扰，未来的日子还是要靠知识来改变命运！

田东职业技术学校学前教育专业"成美巾帼励志班"、"上海芬芳巾帼励志班"面向百色市12个县（区）及周边地区招生，学生资助额度高，大大减轻了家庭经济负担，让贫困家庭的子女能圆上学之梦，毕业后可免试免费到北京应用技术大学就读，大学毕业后可安排到北京市、上海市的电信、移动、联通、金融等名优企业工作。可升入"2＋3"中高职贯通办学相关院校继续深造。可推荐到广西师范大学、桂林电子科技大学等6所院校就读本科，可推荐到区内外优质幼儿园就业。

学生演出活动

学生作品

纸艺手工作品　　　　　　　　　　纸艺手工作品

编织手工作品　　　　　　　　　　十字绣作品

食物卡通作品

水彩画作品

蜡笔画作品

钢笔画作品

漫画作品

素描画作品

硬笔书法作品

肖像画作品

 友情问答

亲爱的同学，通过对学前教育专业的介绍，你了解这个专业了吗？了解了多少？

 任务布置

请跟你周围的同学、朋友说说你对学前教育专业的了解情况。

 诚挚邀请

　　这里是五彩的乐园，这里是苗壮的土地，这里是妈妈的希望，这里是娃娃的摇篮。在这里谁拥有大禹的志向、尧舜的心？在这里谁拥有万能的智慧、慈母的爱？告诉我，你那一抹清泪为谁流淌？告诉我，你那花一样的笑脸为谁绽放？是你，是我，是他，是我们光荣的幼儿教师。用闪烁着智慧的灵光，用太阳般光亮的音容，为小苗抽芽，为绿叶撑伞，为花儿开放，为鸟儿飞翔，是你，是我，是他，是我们，是我们光荣的幼儿教师，在这里，在这里放飞着爱的梦。

亲爱的同学，欢迎你加入幼儿教师这个光荣的队伍，请选择田东职业技术学校的学前教育专业吧，在这里放飞你的梦想！

七、升学与就业案例

（一）升学

1. 升学途径

（1）参加本科院校对口中职生高考。

1）考试形式与内容：

◆文化素质考试：A. 考试科目：语文、数学、英语三个科目，每个科目满分100分。总分300分。B. 考试内容：以教育部颁布的相应科目的中等职业学校公共基础课程教学大纲为准。C. 考试方式：笔试，三个科目共考3个小时。

◆职业技能测试：A. 测试方式：面试＋实际操作。满分300分。B. 测试内容：着重考察学生的专业基本技能与基本理论。

2）本科院校对口招生院校。2016年，本科院校对口招生院校有广西师范大学、桂林电子科技大学、钦州学院、广西中医药大学、玉林师范学院、梧州学院、百色学院、桂林航天工业学院。高考分数达到或超过录取分数线并且专业志愿相符，从高到低的原则，将有机会进入大学校园继续深造学习。

（2）高职院校对口中职招生。广西所有高职高专院校，均具有高职对口中职自主招生的资格。广西区内中等职业学校毕业生均可报名参加招生学校自行组织考核。考核采用"文化素质＋职业技能"评价方式，对中职学校毕业生进行文化基础与职业技能相结合的测试。

（3）"2＋3"中高职衔接办学模式。田东职业技术学校与广西各高职院校合作，开展"2＋3"中高职衔接办学模式，学生中职学段（二年）和高职学段（三年）一体化的人才培养方案，分段开展教学活动。学生经过二年中职学段学习，学习基础文化知识及简单的专业知识，再经高职院校自主组织选拔考核合格后招入高职院校对应专业学习，强化专业知识，并取得相应专业专科毕业证及高级职业技能等级证书。

2. 升学案例

黄金莹：1995年毕业于田东职业技术学校幼师专业幼3班，并考取广西艺术学院音乐师范系。

罗秋梅、阮美丽、张黔峰：1996年分别毕业于田东职业技术学校幼师专业幼4班，考取广西艺术学院音乐师范系。

班秀燕、罗安妮：1997年分别毕业于田东职业技术学校幼师专业幼5班，考取广西艺术学院音乐师范系。

陈娜、谭桂燕、农月首：1998年分别毕业于田东职业技术学校幼师专业幼1班，考取广西艺术学院音乐师范系。

阮卓梅、潘丽实：1999年分别毕业于田东职业技术学校幼师专业幼2班，考取广西艺术学院音乐师范系。

阮东威、梁文巧、李芬：2014年分别毕业于田东职业技术学校学前教育专业百川1班，分别考取广西大学、广西现代职业技术学院。

黄月玲、陆秋燕、易玲、鲍青翠、韦丽眉：2015 年毕业于田东职业技术学校学前教育专业百川 2 班，分别考取广西科技师范学院、广西民族大学。

陆丽勤、兰美线，蒙秋梦、马丹妮、黄妹、班梦钰、吴照芬、王小为、吴思颖、农凤令：2016 年毕业于田东职业技术学校学前教育专业百川 3、4 班，分别考取梧州学院、百色学院、广西工业职业技术学院、北海学院、广西师范科技学院学前教育专业。

（二）创业

卢彩连：2000 年毕业于田东职业技术学校幼师专业。为了心中的梦想，她努力拼搏，勤奋创业，终于在 2004 年创建了属于自己的幼儿园——田东县油城育苗幼儿园。她全身心投入到幼教事业中，甘愿在这块土地上播撒希望，执着耕耘。一分耕耘一分收获，如今她的幼儿园已发展成为了一所全县规模最大、最有影响力的私立幼儿园。

黄华坤：1998 年毕业于田东职业技术学校幼师专业，2000 年创建中山幼儿园，为办好学校，她积极探索，创新办学模式，深受上级及家长好评。为此，2005 年学校被评为百色市合格幼儿园称号，2012 年荣获县优秀教师称号。

黄青松：1998 年 7 月毕业于田东职业技术学校幼师专业，2008 年开创了田东县塘内矿小学幼儿园，2012 年、2015 年分别创办了田东县金芒果幼儿园和田东县金穗幼儿园。几年来，她以一种乐观向上、锐意进取的精神，用自强不息和踏实勤奋在创业道路上取得良好成绩，为此，她 2013 年被评为县优秀教师。

幼师口语

任务一　普通话的概述

 情景案例

　　有这么一个故事，叫乡村面馆。说的是在一个偏僻的农村，一个游人路过，因为肚子很饿了就走进一家面馆，说"有什么好吃的，快烧一点，我吃了要赶路。"可这家小面馆由于有特殊原因今天不营业，所以回答说："咪——"意思是"没有"。而这个游客听成了是面，他想"面也行"，就点点头坐在那儿等了。过了好一会儿，不见有动静，就火了，说："面条，快，怕我不付钱吗？"店里人说"洞国咪——"意思为"和你讲，没有"，一个说："冬瓜面也可以，为什么不去烧?!"一个说："咪就咪，吵啊咪——"意思是"没有就是没有，争吵也没有"。一个说："还有炒面，为什么不早说？"就这样，本来是一个很简单的意思，现在是越扯越远了。这个故事告诉我们学好普通话极为重要，不然的话，就不能把你的意思正确地通过语言表达出来。

一、普通话的定义

　　普通话是针对规范化来说的。普通话同时又是中国法定的全国通用语言。它在全国范围内使用，包括民族自治地区和少数民族聚居的地区。《中华人民共和国宪法》第 19 条规定："国家推广全国通用的普通话。"《中华人民共和国国家通用语言文字法》确立了普通话和规范汉字的"国家通用语言文字"的法定地位。

　　普通话是以北方话为基础方言、以北京语音为标准音的普通话。之所以这样，主要有以下几个原因：

　　（1）以北方话为基础方言，主要是考虑到我国北方方言覆盖我国 70% 的人口（汉族的 75%），北方地区的汉族以及少数民族多数能够使用北方方言进行交流。

　　（2）普通话糅合了大量的少数民族词汇，尤其是以北京地区的语音和词汇，包容多民族语言，如胡同（蒙古语）、车站（蒙古语）、帅气（满语）、挺好（满语）、埋汰（满语）、磨蹭（满语）等，这些都融入日常用语之中。

　　（3）普通话语音是各民族语言的最大公约数。相比南方方言来说，普通话没有较难发的音（如浊音、入声等）。

二、普通话水平测试

（一）测试等级分类

普通话是现代汉语的标准语。由国家语言文字工作委员会和国家教育委员会、广播电影电视部颁布《普通话水平测试等级标准（试行）》。省、市级测试中心、测试站只能授予一级乙等以下（含一级乙等）的资格证书。考一级甲等，需要去国家语委测试中心考试，或者省级测试站报送国家语委测试站进行复审通过，方能授予一级甲等。（国语〔1997〕64 号）把普通话水平分为三个级别（一级可称为标准的普通话，二级可称为比较标准的普通话，三级可称为一般水平的普通话），每个级别内划分甲、乙两个等次。三级六等是普通话水平测试中评定应试人普通话水平等级的依据。

一级（标准的普通话）：

一级甲等（测试得分：97～100 分）：朗读和自由交谈时，语音标准，词语、语法正确无误，语调自然，表达流畅。

一级乙等（测试得分：92～96.99 分）：朗读和自由交谈时，语音标准，词语、语法正确无误，语调自然，表达流畅，偶然有字音、字调失误。

二级（比较标准的普通话）：

二级甲等（测试得分：87～91.99 分）：朗读和自由交谈时，声韵调发音基本标准，语调自然，表达流畅；少数难点音有时出现失误；词语、语法极少有误。

二级乙等（测试得分：80～86.99 分）：朗读和自由交谈时，个别调值不准，声韵母发音有不到位现象；难点音失误较多；方言语调不明显；有使用方言词、方言语法的情况。

三级（一般水平的普通话）：

三级甲等（测试得分：70～79.99 分）：朗读和自由交谈时，声韵母发音失误较多，难点音超出常见范围，声调调值多不准；方言语调较明显；词语、语法有失误。

三级乙等（测试得分：60～69.99 分）：朗读和自由交谈时，声韵调发音失误多，方音特征突出；方言语调明显；词语、语法失误较多；外地人听其谈话有听不懂的情况。

普通话水平测试等级证书是证明应试人普通话水平的有效凭证，证书由国家语言文字工作委员会统一印制。普通话一级乙等以下成绩的证书由省（直辖市）级语言文字工作委员会加盖印章后颁发，普通话一级甲等的证书须经国家普通话水平测试中心审核并加盖国家普通话水平测试中心印章后方为有效。有效的普通话水平测试等级证书全国通用。

（二）等级标准

国家语言文字工作委员会颁布的《普通话水平测试等级标准》是划分普通话水平等级的全国统一标准。普通话水平等级分为三级六等，即一、二、三级，每个级别再分出甲乙两个等次；一级甲等为最高，三级乙等为最低。应试人的普通话水平根据在测试中所获得的分值确定。

普通话水平测试等级标准如下：

一级甲等：朗读和自由交谈时，语音标准，语汇、语法正确无误，语调自然，表达流畅。测试总失分率在 3% 以内。

一级乙等：朗读和自由交谈时，语音标准，语汇、语法正确无误，语调自然，表达流畅。偶有字音、字调失误。测试总失分率在 8% 以内。

二级甲等：朗读和自由交谈时，声韵调发音基本标准，语调自然，表达流畅。少数难点音（平翘舌音、前后鼻尾音、边鼻音等）有时出现失误。语汇、语法极少有误。测试总失分率在13%以内。

二级乙等：朗读和自由交谈时，个别调子不准，声韵母发音有不到位现象。难点音较多（平翘舌音、前后鼻尾音、边鼻音、fu－hu、z－zh－j、送气不送气、i－ü不分、保留浊塞音、浊塞擦音、丢介音、复韵母单音化等），失误较多。方言语调不明显，有使用方言词、方言语法的情况。测试总失分率在20%以内。

三级甲等：朗读和自由交谈时，声韵母发音失误较多，难点音超出常见范围，声调调值多不准；方言语调明显；语汇、语法有失误。测试总失分率在30%以内。

三级乙等：朗读和自由交谈时，声韵调发音失误多，方音特征突出；方言语调明显；语汇、语法失误较多；外地人听其谈话有听不懂的情况；测试总失分率在40%以内。

（三）要求

根据各行业的规定，有关从业人员的普通话水平达标要求如下：

中小学及幼儿园、校外教育单位的教师，普通话水平不低于二级，其中语文教师不低于二级甲等，普通话语音教师不低于一级；高等学校的教师，普通话水平不低于三级甲等，其中现代汉语教师不低于二级甲等，普通话语音教师不低于一级；对外汉语教学教师，普通话水平不低于二级甲等。

报考中小学、幼儿园教师资格的人员，普通话水平不低于二级。师范类专业以及各级职业学校的与口语表达密切相关专业的学生，普通话水平不低于二级。国家公务员，普通话水平不低于三级甲等。

国家级和省级广播电台、电视台的播音员、节目主持人，普通话水平应达到一级甲等，其他广播电台、电视台的播音员、节目主持人的普通话达标要求按国家广播电影电视总局的规定执行。话剧、电影、电视剧、广播剧等表演、配音演员，播音、主持专业和影视表演专业的教师、学生，普通话水平不低于一级。公共服务行业的特定岗位人员（如广播员、解说员、话务员等），普通话水平不低于二级甲等。普通话水平应达标人员的年龄上限以有关行业的文件为准。

（四）大纲

《普通话水平测试（PSC）大纲》由国家语言文字工作委员会颁布，是进行普通话水平测试的全国统一大纲。普通话水平测试试卷内容全部来自大纲。

（五）试卷

1. 普通话水平测试试卷由四个测试项构成，总分为100分

（1）读单音节字词100个，限时3分30秒，占10分。目的是考查应试人普通话声母、韵母和声调的发音。

（2）读双音节词语50个，限时2分30秒，占20分。目的是除了考查应试人声、韵、调的发音外，还要考查上声变调、儿化韵和轻声的读音。

（3）400字短文朗读，限时4分钟，占30分。目的是考查应试人使用普通话朗读书面材料的能力，重点考查语音、语流音变、语调等。

（4）说话，时间3分钟，占40分。目的是考查应试人在无文字凭借的情况下说普通话所达到的规范程度。

2. 要求

（1）读单音节字词100个。排除轻声、儿化音节。

目的：考查应试人声母、韵母、声调的发音。

要求：100个音里，每个声母出现一般不少于3次，方言里缺少的或容易混淆的酌量增加1~2次；每个韵母的出现一般不少于2次，方言里缺少的或容易混淆的韵母酌量增加1~2次；字音声母或韵母相同的要隔开排列；不使相邻的音节出现双声或叠韵的情况。

评分：此项成绩占总分的10%，即10分。读错一个字的声母、韵母或声调扣0.1分。读音有缺陷每个字扣0.05分。一个字允许读两遍，即应试人发觉第一次读音有口误时可以改读，按第二次读音评判。

限时：3分钟。超时扣分（3~4分钟扣0.5分，4分钟以上扣0.8分）。

读音有缺陷指读单音节字词和读双音节词语两项记评。读音有缺陷在1项内主要是指声母的发音部位不准确，但还不是把普通话里的某一类声母读成另一类声母，比如舌面前音j、q、x读得太接近z、c、s；或者是把普通话里的某一类声母的正确发音部位用较接近的部位代替，比如把舌面前音j、q、x读成舌叶音；或者读翘舌音声母时舌尖接触或接近上腭的位置过于靠后或靠前，但还没有完全错读为舌尖前音等；韵母读音的缺陷多表现为合口呼、撮口呼的韵母圆唇度明显不够，语感差；或者开口呼的韵母开口度明显不够，听感性质明显不符；或者复韵母舌位动程明显不够等；声调调形、调势基本正确，但调值明显偏低或偏高，特别是四声的相对高点或低点明显不一致的，判为声调读音缺陷；这类缺陷一般是成系统的，每个声调按5个单音错误扣分。1和2两项里都有同样问题的，两项分别都扣分。

（2）读双音节词语50个。

目的：除考查应试人声母、韵母和声调的发音外，还要考查上声变调、儿化韵和轻声的读音。

要求：50个双音节可视为100个单音节，声母、韵母的出现次数大体与单音节字词相同。此外，上声和上声相连的词语不少于2次，上声和其他声调相连不少于4次；轻声不少于3次；儿化韵不少于4次，词语的排列要避免同一测试项的集中出现。

评分：此项成绩占总分的20%，即20分。读错一个音节的声母、韵母或声调扣0.2分。读音有明显缺陷每次扣0.1分。

限时：3分钟。超时扣分（3~4分钟扣1分，4分钟以上扣1.6分）。

读音有缺陷所指的除跟1项内所述相同的以外，儿化韵读音明显不合要求的应列入。

1和2两项测试，其中有一项或两项分别失分在10%的，即1题失分1分，或2题失分2分即判定应试人的普通话水平不能进入一级。

应试人有较为明显的语音缺陷的，即使总分达到一级甲等也要降等，评定为一级乙等。

3. 朗读

朗读从《测试大纲》第五部分朗读材料（1~60号）中任选。

目的：考查应试人用普通话朗读书面材料的水平，重点考察语音、连读音变（上声、"一"、"不"变调）、语调（语气）等项目。

评分：此项成绩占总分的30%。即30分。对每篇材料的前400字（不包括标点）做累积计算，每次语音错误扣0.1分，漏读一个字扣0.1分，不同程度地存在方言语调一次性扣分（问题突出扣3分；比较明显，扣2分；略有反映，扣1.5分）。停顿、断句不当每次扣 1 分；语速过快或过慢一次性扣 2 分。

限时：4 分钟。超过 4 分 30 秒以上扣 1 分。

说明：朗读材料（1～50 号）各篇的字数略有出入，为了做到评分标准一致，测试中对应试人选读材料的前 400 个字（每篇 400 个字之后均有标志）的失误做累积计算；但语调、语速的考查应贯穿全篇。从测试的要求来看，应把提供应试人做练习的 50 篇作品作为一个整体，应试前通过练习全面掌握。

4. 说话

目的：考查应试人在没有文字凭借的情况下，说普通话的能力和所能达到的规范程度。以单向说话为主，必要时辅以主试人和应试人的双向对话。单向对话：应试人根据抽签确定的话题，说 4 分钟（不得少于 3 分钟，说满 4 分钟主试人应请应试人停止）。

评分：此项成绩占总分的 30%，即 30 分。其中包括：

（1）语音面貌占 20%，即 20 分。计分档次为：

一档 20 分，语音标准；

二档 18 分，语音失误在 10 次以下，有方音不明显；

三档 16 分，语音失误在 10 次以下，但方音比较明显；或方音不明显，但语音失误大致在 10～15 次；

四档 14 分，语音失误在 10～15 次，方音比较明显；

五档 10 分，语音失误超过 15 次，方音明显；

六档 8 分，语音失误多，方音重。

语音面貌确定为二档（或二档以下）即使总积分在 96 分以上，也不能入一级甲等；语音面貌确定为五档的，即使总积分在 87 分以上，也不能入二级甲等；有以上情况的，都应在等内降等评定。

（2）词汇语法规范程度占 5%。计分档次为：

一档 5 分，词汇、语法合乎规范；

二档 4 分，偶有词汇或语法不符合规范的情况；

三档 3 分，词汇、语法屡有不符合规范的情况。

（3）自然流畅程度占 5%，即 5 分。计分档次为：

一档 5 分，自然流畅；

二档 4 分，基本流畅，口语化较差（有类似背稿子的表现）；

三档 3 分，语速不当，话语不连贯；说话时间不足，必须主试人用双向谈话加以弥补。试行阶段采用以上评分办法，随着情况的变化应适当增加说话评分的比例。

三、证书

应试者经过测试，即可获得《国家普通话水平测试等级证书》，《国家普通话水平测试等级证书》由国家语言文字工作委员会统一制作。

四、推广普通话的意义

首先，语言是最重要的交际工具和信息载体，民族共同语的普及是国家统一、民族团结，社会进步的重要基础。

在建设有中国特色社会主义现代化的历史进程中，大力推广、积极普及全国通用的普通话，有利于克服语言隔阂，促进社会交往，对社会主义经济、政治、文化建设具有重要意义。

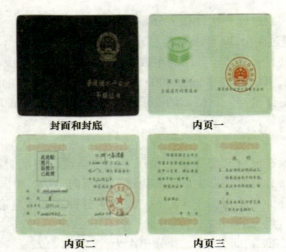

| 封面和封底 | 内页一 |

| 内页二 | 内页三 |

随着改革开放和社会主义市场经济的建立，社会对普通话的客观需求日益迫切。推广普通话，营造良好的语言环境，有利于促进人员交流、商品流通和建立统一的市场。人们开始自觉地要求在经济活动中使用普通话。

推广普通话是国家统一和民族团结的需要。一个国家、一个民族是否拥有统一、规范的语言，是关系到国家独立和民族凝聚力的具有政治意义的大事。《中华人民共和国宪法》第19条规定："国家推广全国通用的普通话。"使用国家通用的语言文字，是每个公民应当履行的义务，也是公民具有国家意识、主权意识、法制意识、文明意识、现代意识的具体体现。我国是一个多民族、多方言的国家，推广普及普通话有利于增进我国各民族的交流与往来，增强中华民族的凝聚力，而且有利于我国在国际社会中的影响。

推广普通话是加强素质教育的需要。我国跨世纪教育发展与改革的基本任务是实施素质教育，刚刚结束的第三次全国教育工作会议颁布的《中共中央、国务院关于深化教育改革全面推进素质教育的决定》对培养创新人才、全面推进素质教育提出了明确的要求。素质，是知识、能力和道德修养的综合反映。语言文字是思维表达的工具、文化知识的载体和交际能力的依托，因而是素质构成与发展的基础，是文化建设的必要条件。著名语言学家吕叔湘先生曾指出"学好语文是学好一切的根本"。特别是到了今天的信息时代，语言文字规范更是掌握计算机语言的必要前提。对于任何学段、任何专业的学生来说，能说流畅的普通话，具有较强的语言文字能力和计算机操作能力这个最有用的本领，在求学、求职和事业竞争中就能处于优势地位。

推广普通话是各级各类学校素质教育的重要内容，它有利于贯彻教育面向现代化、面向世界、面向未来的战略方针，有利于弘扬祖国优秀的传统文化和爱国主义精神，加强社会主义精神文明建设。语言文明是人的素质最直接的体现。努力提高人们的语言道德意识，进行语言行为的道德规范，加强语言文明的建设，是社会主义精神文明和国民素质教育的重要内容。培养有理想、有道德、有文化、有纪律的社会主义公民，提高全民族的思想道德素质和科学文化素质，离不开语言文字的工作。社会主义现代化建设需要高素质的劳动者和专门人才，除了思想和专业方面的要求外，还应当使他们具有较强的语言文字能力。一个人文化素养的高低在很大程度上取决于自身语言文字的修养。使用纯洁健康的语言文字是个人修养很重要的一部分。

语言文字作为一种社会工具，记录着科学技术发展的已有成果，传递着科技发展的最新信息。科学技术越发达，语言文字的应用就越广泛，与社会的关系就越密切。语言文字的规范化、标准化和应用研究水平是中文信息处理技术的先决条件。推广普通话和推行《汉语拼音方案》有利于推动中文信息技术处理的发展和应用。

　　推广普通话是各行各业自身建设的内在需求。只有推广普通话才能够促进我国的繁荣发展。

任务二 幼儿教师诵读训练

一、儿童诗

（一）什么是儿童诗

儿童诗是指以儿童为主体接受对象，适合于儿童听赏、吟诵、阅读的诗歌。它应符合儿童的心理和审美特点，既包括成年诗人为儿童创作的诗，也包括儿童为抒怀而创作的诗。儿童诗是诗的一个分支，由于它受到特定读者对象心理特征的制约，因此所反映的生活内容、所进行的艺术构思、所展开的联想和想象、所运用的文学语言等，都必须符合儿童的年龄特征，必须是儿童喜闻乐见的。这样才能在培养儿童良好的道德品质、思想情操，激发和丰富他们的想象力、思维能力等方面，尤其在培养儿童健康的审美意识和艺术鉴赏力上，发挥独特的作用。

（二）儿童诗的特点

1. 情感饱满

抒情是诗歌反映生活的根本方式，儿童诗也不例外。但由于读者对象的特殊性，所以要求诗歌的情感必须从儿童心灵深处抒发出来，逼真地传达出孩子们那种美好的感情、善良的愿望、有趣的情致，以激起小读者感情上的共鸣。例如，《夏弟弟》就是一首饱含着童真的激情去描摹夏天绿意的诗，诗人把夏天比喻成爱爬竿子的孩子，由衷地赞美它给我们带来了"多么可爱的绿颜色！"表面上诗人在赞美大自然那绿的生命力，实际上是在赞美"为了祖国四个现代化，在洒满绿荫的窗口，勤奋看书的学生……"这些学生才是夏天真正的充满绿意的风景。这样不仅可以让儿童受到美的熏陶，更能添加儿童对知识的渴望，对生命的热爱，对社会的责任。

儿童诗所抒发的儿童情感，往往洋溢着盎然的儿童情趣，不仅能使儿童们从中获得关照和愉悦，也能把成人读者带回那童心萌动的情景中，重温儿时的梦。如获奖作品《十四岁，蓝色的港湾》（滕毓旭）写出这一特殊年龄段儿童对爱的理解、心事与天真、性格差别、心中的渴望，以及他们的理想与冒险精神等，情感抒发得自然、贴切、生动、有趣。其中有这样的诗句："要说男孩子勇敢真是勇敢，就是枪子飞来也不眨眼；要说女孩胆小真够胆小，看见豆虫一蹦老远。希望多有几个叹号，叫大人们都刮目相看，可脑子里问号总也拉不直，古怪的问题常让老师为难。"诗人于幽默风趣的描写中，把儿童独有的内心世界和情绪活动宣泄出来，使人感到这就是活泼快乐的儿童所具有的，盎然的儿童情趣溢于言表。

应当注意的是，儿童诗中盎然的儿童情趣是儿童生活中本来固有的因素，只不过是由儿童诗人采撷发现并进行了形象化的描摹而已，而不是生硬地外加的成分。

2. 想象丰富

儿童是最富于想象和联想的，他们总是用自己创造性的想象来认识并诠释世界上的一切事物。在他们通过想象而诗化的世界里，花儿会笑、鸟儿会唱、草儿会舞、鱼儿会说……因此，儿童诗必须以符合儿童心理的丰富想象创造优美的意境，抒发儿童的童真童趣，让儿童在奇妙多姿的世界里，展开想象的翅膀，感悟诗的题旨。这就要求儿童诗要在想象的世界中用心灵和儿童对话。如邵燕祥的儿童诗《小童话》："在云彩的南面，那遥远的地方，有一群树叶说：我们想像花一样开放。有一群花朵说：我们想像鸟一样飞翔。有一群孔雀说：我们想像树一样成长……"诗歌起语就把小读者从现实引发到想象中的

"遥远的地方"，并在想象中完成"叶子花"、"小蝴蝶"、"孔雀杉"这些美丽形象的再创造，展开丰富的遐思。然而诗人的用意也不仅在于此，而是继续和孩子一同展开想象的翅膀，由物及人感悟出诗意之所在。"遥远的地方"是"傣家的村寨"，"那花朵，蝴蝶和孔雀杉/都变成小姑娘"，从想象的世界再回现实中傣家姑娘的美丽形象仍然需要小读者进一步地联想，并从中获得审美享受。

3. 构思新巧

儿童诗所抒发的情感不论在丰富性上，还是在深刻性上，都远不如成人诗歌，这是儿童的情感特点所决定的。如何才能在不甚宽阔的情感层面上表达情趣并创造独特的表达效果呢？这主要依赖于构思的新颖巧妙。这种依赖于生活积累和儿童式的想象的构思在很大程度上决定了儿童诗的艺术水平。如任溶溶的《爸爸的老师》，在同类题材的情感挖掘上并无太大的创意，但却依然是同类题材作品的典范之作。其中的奥秘就在于作者创造了一种新颖巧妙的构思模式，达成了别具一格的表达效果。又如舒兰的《虫和鸟》："我把妈妈洗好的袜子，一只一只夹在绳子上，绳子就变成了一只多足虫，在阳光中爬来爬去。我把姐姐洗好的小手帕，一条一条夹在绳子上，绳子就变成一群白鹭鸶，在微风中飞舞、飞舞。"在生活基础上的大胆想象，依赖这种想象的巧妙构思，使平凡的生活现象变成一种儿童式的神奇和余味无穷的美丽。

4. 语言童趣

诗是语言的艺术。深刻的思想、鲜明的形象只有用凝练、形象、具有表现力的语言来表现，才能成为诗。儿童诗应为儿童学习驾驭语言提供优良的条件，让儿童在优美的语言环境中学习语言、丰富语汇，提高他们驾驭语言、鉴赏语言的能力，同时得到美的享受。如刘饶民的《大海的歌》中《大海睡着了》："风儿不闹了，浪儿不笑了。深夜里，大海睡觉了。她抱着明月，她背着星星。那轻轻的潮声啊，是她睡熟的鼾声。"寥寥数语就把静谧安详的大海展现在读者面前，而且用拟人的手法，以极其准确的措辞"抱着"、"背着"、"鼾声"形象地描绘出大海这位"母亲"熟睡时的优美体态。经常吟诵此类诗，儿童不仅可以提高审美能力，还能从中学习并提高驾驭语言、鉴赏语言的能力。

儿童诗优美的语言，除了词语的锤炼要准确恰当外，诗的声音节奏更应具有音乐性，即诗的音韵要有美感效应。美学专家朱光潜先生说："情感的最直接的表现是声音节奏，而文学意义反在其次。文学意义所不能表现的情调常可以用声音节奏表现出来。"（《朱光潜美学文学论文选集》）

儿童诗的音乐性主要表现在押韵和节奏上。通过韵脚的变化、句式的错落有致，既兼顾了不同年龄段的儿童，同时又可使诗歌具有较强的音乐感和节奏感，形成全诗的回环整齐的美感。年龄愈小的儿童，阅读的儿童诗的韵脚应愈整齐。例如，以幼儿为主要读者对象的《小熊过桥》（蒋应武），用"ao"韵一韵到底；望安的《嘀哩，嘀哩》和鲁兵的《下巴上的洞洞》等诗歌中那鲜明的节奏感，都给人以读诗如唱的明快感觉，使儿童激动之余获得美感。

5. 意境优美

感情与形象的结合构成了诗的意境。意境同样是儿童诗应该刻意创造的，而且应以营造童稚而优美的意境为目标。人们常说"情景交融"，即诗的感情应当附丽于形象。只有把真实的儿童感受通过形象含蓄地表现出来，而不是抽象地呼喊，这种儿童诗才具有童稚而优美的意境，也才能感动儿童。如刘饶民的《月亮》："天上月亮圆又圆，照在海里像玉盘。一群鱼儿游过来，玉盘碎成两三片。鱼儿吓得快逃开，一直逃到岩石边。回过头来看一看，月亮还是圆又圆。"在月照大海的静态美景中，通过鱼儿的"逃"和"看"的动态加入，在精巧的构思中，创造出一群小鱼儿戏水观月的优美意境，既有童话般的境界又有盎然的童趣。

（三）儿童诗的分类

在类别的划分上，儿童诗与一般诗歌大体相似，可以从不同的角度进行分类。从表现手段的运用方面，可分为抒情诗和叙事诗两大类。从押韵、分行的角度，可分为韵律体诗和散文体诗两大类。但由于儿童诗的涵盖面比较广，常常以诗的外壳包容儿童文学其他样式和内容。因此，可把儿童诗分为童话诗、寓言诗、科学诗、故事诗、讽刺诗、题画诗等。

二、儿童诗作品朗读

作品一

月亮

天上月亮圆又圆，照在海里像玉盘。
一群鱼儿游过来，玉盘碎成两三片。
鱼儿吓得快逃开，一直逃到岩石边。
回过头来看一看，月亮还是圆又圆。

作品二

小童话

在云彩的南面，那遥远的地方，
有一群树叶说：我们想像花一样开放。
有一群花朵说：我们想像鸟一样飞翔。
有一群孔雀说：我们想像树一样成长。

作品三

寻觅

天鹅踏着乐点翩翩起舞，
摇动起苗条美丽的长脖，
圆亮的眼睛一闪一闪，
四处寻觅着什么？
护鸟的孩子格格地笑了，
天鹅跟着唱起欢乐的歌。

作品四

时刻准备着

面向现代化，面向世界，面向未来，
让理想的翅膀拍击银河浪波。
啊，祖国，伟大的母亲，
我们不会忘记你的嘱托，

从现在就开始准备，
用金钥匙去打开未来世界的大锁！

作品五

窗前一株紫丁香

踮起脚尖儿，走进浓绿的小院。
我们把一株紫丁香，栽在老师窗前。
老师，老师，就让它绿色的枝叶，
伸进您的窗口，夜夜和您作伴。
您听，您听，绿叶儿在风里沙沙，
那是我们给您唱歌，帮您解除一天疲倦。
您看，您看，满树盛开的小花，
那是我们的笑脸，感谢您时时把我们牵挂。
夜深了，星星困得眨眼，老师，快放下教案吧！
让花香飘进您的梦里，那梦呀，准是又香又甜。

作品六

时间老人

它给不珍惜时间的孩子，雕一只笨乌龟，
驮着沉甸甸的叹息，在后面爬得十分苦恼。
它给勤奋的孩子，雕一匹大红马，
每天总是四蹄飞扬，在别人前头奔跑。
它给贡献大的人，雕一张万能的护照，
不论走到哪里，都会见到春天般的微笑。
它给一事无成的人，雕一张人生不合格证，
尽管他还十分年轻，却已经老得不能再老。
这把时间雕刻刀，就是这样铁面无私。
它检验每人对时间的态度。

三、童话故事

（一）什么是童话故事

童话故事是儿童文学的一种。通过丰富的想象、幻想和夸张来塑造形象、反映生活，对儿童进行思想教育。一般故事情节神奇曲折、生动浅显，对自然物往往作拟人化的描写，能适应儿童的接受能力。

"童话故事"一词在《现代汉语词典》中的解释是"儿童文学的一种体裁，通过丰富的想象、幻想和夸张来编写适合于儿童欣赏的故事"。"童话故事"一词在《辞海》中的基本解释是"儿童文学的一种，经过想象、幻想和夸张来塑造艺术形象，反映生活，增进儿童性格的成长"。

（二）童话故事的特征

童话故事是儿童文学的重要体裁，是一种具有浓厚幻想色彩的虚构故事，多采用夸张、拟人、象征等表现手法去编织奇异的情节。幻想是童话的基本特征，也是童话反映生活的特殊艺术手段。童话主要描绘虚拟的事物和境界，出现于其中的"人物"，是并非真有的假想形象，所讲述的故事，也是不可能发生的。但是童话中的种种幻想，都植根于现实，是生活的一种折光。童话创作一般运用夸张和拟人化手法，并遵循一定的事理逻辑去开展离奇的情节，造成浓烈的幻想氛围以及超越时空的制约，亦虚亦实，似幻犹真的境界。此外，它也常常采用象征手法塑造幻想形象以影射、概括现实中的人事关系（《儿童文学辞典》）。

童话故事最大的特征是用丰富的想象力，赋予动物、植物等物体人的感情。同时童话故事总是把恶和善极端化，通俗地说，就是坏人非常坏，好人非常好。好人很善良，坏人很恶毒。如《白雪公主》里，七个小矮人很善良，而皇后很恶毒；《灰姑娘》里，后母很恶毒，灰姑娘很善良。童话里往往还包含了神奇的魔法、无尽的财富、凶恶的怪兽等元素，使故事能够引人入胜，打动孩子的好奇心，丰富孩子的想象力。一般来说，童话故事主要是写给孩子的，不过，有童心的成年人同样能够在童话故事中找到快乐，让心灵纯净。

（三）童话故事的分类

从表现方法来看，童话故事大致分为超人体童话、拟人体童话和常人体童话三种。但这三者并非截然分开的，有时互有联系。也就是说，在一篇童话中，可能既有常人体表现方法，也有拟人体表现方法。以此类推，其他也是如此。从表现题材上看，童话（大概念的"童话"）又分为科学童话（又称"知识童话"）和文学童话（又称"品德童话"）两类。而平时所说的"童话"则默认为"文学童话"。

（四）著名的童话故事

《安徒生童话》、《格林童话》、《郭楚海童话》、《豪夫童话》、《李志伟童话》、《王尔德童话》、《郑渊洁童话》、《一千零一夜》、《爱丽丝镜中奇遇记》、《爱丽丝漫游奇境记》、《宝葫芦的秘密》、《查理和巧克力工厂》、《长腿叔叔》、《吹牛大王历险记》、《大盗贼》、《大盗贼第二次出现》、《大林和小林》、《哈克贝里·芬历险记》、《讲不完的故事》、《金银岛》、《蓝色的海豚岛》、《绿野仙踪》、《毛毛》、《没有风的扇子》、《秘密花园》、《汤姆·索亚历险记》、《天鹅的喇叭》、《秃秃大王》、《夏洛的网》、《小布头奇遇记》、《小飞侠彼得·潘》、《小老鼠斯图亚特》、《小灵通漫游未来》、《小灵通再游未来》、《小熊维尼历险记》、《小幽灵》、《愿望潘趣酒》、《皮皮鲁》。

四、讲故事的技巧

（一）发音要清晰，这是讲好故事的基本条件

如果讲故事时有个别音发不清楚就会大大降低故事的质量，影响故事情节的生动性。有的幼儿是因为舌尖音发不清；有的幼儿是说得太快，字咬得不实；还有的幼儿是不张嘴巴，音含在嗓子处送不出来。这就调动不起听众的积极性，感觉故事没有吸引力。所以，讲故事时，一定要发音到位，把每一个字都讲清楚。

（二）声音要抑扬顿挫，这是讲故事重要的技能技巧

如《猴吃西瓜》，老猴、小猴、猴王、长尾巴猴，这么多的角色，要根据它们的性格、地位用不同的声调来体现。高兴时，声调轻松明快；郁闷时，声调低沉缓慢。让听众根据声音就能区分出角色和剧情的变化。

（三）要辅以动作表演，这是提升故事精彩程度的有效手段

孩子的表演能为故事增光添彩，显得丰富有趣。如讲到小鸟，就飞一飞；讲到小猫就

喵喵叫；讲到难过时就哭两声；讲到生气时就噘噘嘴、跺跺脚。动作表演要自然到位，和内容要有效配合，协调一致。

（四）眼神要跟上，它在故事讲述中起到画龙点睛的作用

俗话说："眼睛是心灵的窗户"，讲故事时眼里要有神，要能与观众真诚的交流，能根据故事情节眼神随着变化。切忌眼睛向下看，盯着一个地方不动，那样会给人目光呆滞、没精神的感觉。

五、学故事、讲故事

故事一

木头的耳朵

有一户人家，住着和蔼可亲的老爷爷和老奶奶。

春天，冰雪融化了，老爷爷开始翻地，老奶奶跟在老爷爷后面，一路撒着种子。她种的是蔬菜和花儿。可是年纪大了，不一会儿，老奶奶就累得直不起腰来。于是，老爷爷去屋后找到了一块闲置发黑的木头墩子，把它放在了地头边儿。他想，可以用来给老奶奶当板凳。

不久，地里的种子开始发芽，各种蔬菜都长了出来。菜地四周是小小的花苗。只有那块木头墩子没有变化。

夏天到了，老奶奶美滋滋地去菜地里，一边赏花儿，一边摘蔬菜，累了，就坐在那块木头墩子上喘口气。

老奶奶不来的时候，这些植物开始聊天儿。蔬菜说："我让老爷爷和老奶奶吃到新鲜营养的青菜。"花朵说："我们的美让老爷爷和老奶奶更开心。"他们把目光投向木头墩子。这个木头木脑的家伙，一动不动地搁在那儿，没有一丝变化。他们开始讥笑它："灰不溜秋的家伙，真难看，什么用都没有。"不久，下起了小雨，起初，植物们还很高兴。可是后来雨越下越大，真是令人害怕。蔬菜的叶子全耷拉了下来，花朵们也合上了花瓣。

慢慢地，雨停了。又过了许久，蔬菜和花朵们突然发现木头墩子长出了"耳朵"。一个、两个……黑色的"耳朵"越来越多、越来越大。太阳出来了，老奶奶又来到了地里，她也发现了这些黑色的"耳朵"。她惊喜地朝老爷爷喊："老头子，有木耳！"老爷爷也马上走了出来。两人围着木头墩子开心地笑起来。蔬菜和花朵们很后悔之前说木头的那些话。它们想，如果它们说点儿好听的，木头说不定还会长出青菜和花朵来吧？

小朋友，这个故事告诉我们其实不管什么时候都不能轻易地嘲笑别人哦，因为每个人都有你所不知道的特点和长处呢。

故事二

牙虫虫搬家

小猪胖胖是个爱甜食的宝宝，每天都要吃好多的糖果、饼干、冰淇淋，还要喝一瓶汽水。可是小猪胖胖却从来不刷牙。两岁了生日这天，小猪胖胖收到了牙虫虫的生日卡片。"可是，我什么时候认识的这个朋友呢？我怎么从来没见过他？"小猪胖胖很奇怪。

晚上，小猪胖胖躺在床上，听见有个小小的声音对自己说："胖胖，谢谢你给我住这么好的房子，每天请我吃这么多好吃的！"胖胖问："你是谁？""我是牙虫虫啊，我刚刚搬来住在你的牙齿里，我们以后永远是好朋友！有了你，我就不走了！"

第二天，小猪胖胖的牙齿疼起来了，"哎哟，哎哟"直哼哼。赶紧去找山羊医生检查。山羊医生说："胖胖，你每天吃那么多甜食，又不刷牙，跟牙虫虫做朋友。它们在你的牙齿上打洞来安家，你当然会牙疼啦！"

小猪胖胖点点头，再不吃糖果冰淇淋，饼干汽水也不要啦，每天吃好三顿饭，早晚认真来刷牙，不和牙虫虫做朋友，不让牙虫虫来安家。

牙虫虫，搬了家，只好去找新朋友。小朋友要记牢，保护牙齿很重要，别让牙虫虫在你嘴里安了家！

故事三

绿太阳

有一年，天上的白云们都到大海家去做客了，蓝天变得光秃秃的，太阳发烧了，体温有10000度那么高，他非常担心，这样热下去，会把大家热死的。

真的，太阳晒得大地烫烫的，土地裂开了许多口子，哼哼着："热啊热啊！"小鸟扇着翅膀：唧唧唧唧，赶快躲进大树的怀里。小狗吐着舌头，趴在地上直喘气：呼哧呼哧，赶快躲到大树身旁。乌龟爬来了，蝴蝶飞来了，大熊赶来了，狮子老虎也来了，大家都站在树荫下面。小河里只剩下一点点水，河里面的鱼儿也要快干死了。小猫没水喝，歪了，快站不住了。

可是有一棵大树的叶子特别厚，在阳光下还是绿莹莹的，像一块绿宝石。小鸟心想：怎样能让太阳的病快一点儿好呢？他去找大伙想办法。动物们都挤到大树下来了，小鸟还没开口，大树倒说话了："朋友们，把我身上的叶子摘下来，把它缝成一件没有袖子的衣服，给太阳穿，一切会好起来的。"

小动物们就开始行动了，大伙儿摘下了大树的叶子，小鸟拿叶子缝成了一件美丽的绿衣裳，几朵白云托着绿衣裳，飞到太阳身边，太阳一穿上绿衣裳，病也好了，把大地照得绿油油的。

土地抿着嘴儿笑了，小河又灌满水啦！鱼儿摇着尾巴游来游去。小苗绿油油的，站得笔直。人们抬起头来，啊！看见啦！一个多么美丽的绿太阳啊！

 友情问答

（1）你了解普通话及推广普通话的意义吗？
（2）什么是儿童诗、儿童童话？如何讲故事？

 学学说说

跟着小熊嘟啦讲故事，在班会上讲一个童话故事给你的老师和同学听。

幼师礼仪

任务一　礼仪规范

 情景案例

　　一个女孩坐在男朋友的车里出去兜风，女孩把口香糖吃到了嘴里，然后很自然地把糖纸扔出了窗外，男朋友一个急刹车，下车找到了被女友抛弃的糖纸，捡回来什么也没有说，放在自己的口袋里，此时应引用唐朝诗人白居易《琵琶行》中的一句话："此时无声胜有声"啊！

　　一位妇女抱着孩子乘公交车，不知什么原因，孩子突然大哭起来，这位妇女马上就最近的站点下车，半路抱着孩子步行回家，因为她怕孩子的哭声影响到其他坐在车上的人。

　　为什么女孩让男朋友无语？

　　为什么那个妇女会主动下车？

　　因为这就是我们要学习的礼仪。

一、礼仪概述

　　礼仪是人类为维系社会正常生活而要求人们共同遵守的最起码的道德规范，它是人们在长期共同生活和相互交往中逐渐形成的，并且以风俗、习惯和传统等方式固定下来。对一个人来说，礼仪是一个人的思想道德水平、文化修养、交际能力的外在表现，对一个社会来说，礼仪是一个国家社会文明程度、道德风尚和生活习惯的反映。

（一）中国传统礼仪

　　"九宾之礼"是我国古代最隆重的礼节。它原是周朝天子专门用来接待天下诸侯的重典。周朝有八百个诸侯国，周天子按其亲疏，分别赐给各诸侯王不同的爵位，爵位分公、侯、伯、子、男五等，各诸侯国内的官职又分为三等：卿、大夫、士，诸侯国国君则自称为"孤"。这"公、侯、伯、子、男、孤、卿、大夫、士"合起来称为"九仪"或称"九宾"。周天子朝会"九宾"时所用的礼节，就叫"九宾之礼"。

　　"九宾之礼"是很隆重的：先是从殿内向外依次排列。九位礼仪官员，迎接宾客时则高声呼唤，上下相传，声势威严。按古礼，"九宾之礼"只有周天子才能用，但到了战国时代，周朝衰微，诸侯称霸，"九宾之礼"也为诸侯所用，演变为诸侯国接见外来使节的一种最高外交礼节了。《廉颇蔺相如列传》中的"设九宾之礼"就是指此。

常有：跪拜礼、揖让礼、袒臂礼、虚左礼。

（二）礼仪作用

礼仪是人们生活和社会交往中约定俗成的，人们可以根据各式各样的礼仪规范，正确把握与外界的人际交往尺度，合理地处理好人与人的关系。如果没有这些礼仪规范，往往会使人们在交往中感到手足无措，乃至失礼于人，闹出笑话，所以熟悉和掌握礼仪，就可以做到触类旁通，待人接物恰到好处。

礼仪是塑造形象的重要手段。在社会活动中，交谈讲究礼仪，可以变得文明；举止讲究礼仪可以变得高雅；穿着讲究礼仪，可以变得大方；行为讲究礼仪，可以变得美好……只要讲究礼仪，事情都会做得恰到好处。总之一个人讲究礼仪，就可以变得充满魅力。

（三）礼仪教育的必要性

随着时代的发展，人们的精神要求日益发展，人人都在寻求一种充满友爱、真诚、理解、互助的温馨和谐的生存环境，寻求充满文明与友善，真诚与安宁的空间。前进的社会呼唤文明，科学的未来呼唤文明。

1. 进行文明礼仪教育，是传承文明的需要

我国是四大文明古国之一，自古以来就享有"礼仪之邦"的美称。在五千年悠久的历史长河中，不但创造了灿烂的文化，而且形成了古老民族的传统美德，很多优良的、传统的礼仪规范，直至今天仍然有很强大的生命力，它是中华民族的宝贵的精神财富。如童稚时的孔融让梨，尊敬长辈传为美谈；"程门立雪"更是为尊敬师长的典范。老子在《道德经》中告诉我们"做一天人就要讲一天道德"。这些，淋漓尽致地体现了中国人的礼仪道德所在。作为中华民族传承人的青少年儿童，他们有责任继承和发扬中华民族五千年文化精髓，使"礼仪之邦"的美名享誉中外。

2. 进行文明礼仪教育，是时代发展的需要

当前，我国正在进行两个文明建设，正努力跻身于世界先进民族之林。人类社会是以文明、和平、发展为主流的信息社会，人与人之间的交往与合作日渐频繁、密切。而文明礼仪是精神文明的一个重要内容，是一个人道德品质的外在表现，是衡量一个人教育程度的标尺，文明礼仪养成教育不仅是个体道德、品质和个性形成的基础教育，也是提高全民族道德素质、振兴民族精神及建设社会主义精神文明的基础教育。因此，学校必须抓好学生文明礼仪教育，这是时代的需要，是提高全民族素质的需要，也是社会主义精神文明建设的需要。

3. 进行文明礼仪教育，是孩子成长的需要

一个注重自身修养，重礼仪的人才可能成为优秀的人、有用的人、品行兼优的人。孟子说过："敬人者，人恒敬之；爱人者，人恒爱之。"古希腊哲人赫拉克利特也说："礼貌是有教养的人的第二个太阳。"这些都充分说明"礼"是何等重要。青少年儿童一代是祖国的未来，祖国的希望，加强学生文明礼仪养成教育至关重要。今天的孩子从小就不是"一张白纸"，五颜六色印入脑中，环境影响或多或少对孩子的心灵造成了污染。虽然中华民族的传统美德依然传承，就整体情况看，确实存在弱化的趋势，特别是对青少年儿童的约束力越来越少。有些人在学校里，不会尊重他人，不礼让，不礼貌；在社会上不懂得称呼他人，甚至满口粗言，这些现象不得不引起我们的深思。为了孩子们的健康成长，我们必须加强他们的文明礼仪教育。

二、幼儿教师的礼仪规范

（一）教师礼仪

1. 教师礼仪、幼儿教师礼仪概念界定

"师者，传道、授业、解惑也"，教师不仅是知识的传播者，更是文明的传承者，教师的仪容仪表、举止谈吐、待人接物等都应成为学生和社会的楷模。教师礼仪，是教师在工作、待人接物、为人处事等方面的规范化做法。幼儿教师礼仪是指幼儿教师从事班级管理及对幼儿进行教育、保育工作时所必须遵守的礼仪规范或表现出的应有气质风度。

2. 幼儿教师注重礼仪的意义

教师担负教书育人、为人师表的神圣职责，因此，教师仪表应符合两个要求：一要有职业美，衣着、发型整洁大方，体现教师形象；二是要有风度美，做到举止稳重端庄，落落大方，体现教师的素养。幼儿教师注重礼仪的意义在于：①有利于幼儿健康成长；②有助于同事之间建立良好的人际关系；③有利于增进家园合作。

3. 幼儿教师礼仪的内容

幼儿教师礼仪的内容包括教师自身素养，师幼交往，与领导、同事、家长交往及幼儿教师在幼儿园一日生活中所必须遵守的礼仪规范。

（1）幼儿教师仪容仪表礼仪。

1）着装：幼儿教师上班时适宜选择"流行中略带保守"的服装，而不宜穿着太时髦或太暴露的服装（超短裙、超短裤、吊带裙、低胸装）。

衣着打扮符合幼儿园教师的职业特点：活泼大方，大小得体，便于活动，颜色鲜艳，不同场合穿不同服装，给孩子以美的熏陶。

细则：日常着装柔和、大方、典雅，以色彩柔和淡素的职业装为佳；上岗时穿轻便、色彩艳丽的休闲装或娃娃服，下装长度不可太短；配以舒适、多样式的鞋子；上班时间不赤脚或穿拖鞋或趿拉着鞋，带班或幼儿午睡时不穿有响声的高跟鞋。

2）仪容（化妆）：精神饱满，健康向上，面带微笑，充满活力。

细则：保持口气和体味清新，仪表整洁；日常生活化妆自然、大方、淡雅，与肤色衣服相匹配；杜绝浓妆艳抹浓指厚甲，使用有刺激性气味的化妆品；染发大众色，工作时间将长发束起，不披头散发；额前头发不可过长，挡住视线；配饰不要太夸张，点缀即可。

（2）幼儿教师行为举止礼仪。教师良好的举止将给每位经过您身边的人们带去优雅和气度。体态（站姿、走姿、坐姿、交谈姿势、手势）：姿态端正、大方、自然、规范。

1）主要细则：

一是体态挺拔，站立自然，挺胸收腹，头微上仰，两手自然下垂，面带微笑。

二是走姿稳健轻快，头正胸挺，双肩放平，两臂自然摆动，双目平视，不左顾右盼，随时问候家长、同事和幼儿。

三是手势自然、适度，曲线柔美，动作缓慢，力度适中，左右摆动不宜过宽。

四是交谈姿态以站姿为主（忌双手抱胸前、靠墙、歪斜、双手插在口袋里），自然亲切，对幼儿可采取对坐、蹲下、搂抱，尽量与交谈方保持相应的高度。

2）良好行为。

办公时保持安静、集中精力、抓紧时间、认真书写、分析思考；讨论问题应轻言轻语。

接待家长时起身迎送、微笑问候、点头示意；询问了解、提供帮助、反映问题。

坐姿：面对幼儿端坐，双腿并拢，上身正直，双手自然摆放，或左手搭右手放膝盖上（忌坐幼儿桌子、跷二郎腿、腿伸得很长妨碍行走）。

指示幼儿时用语言加手势或牵着手引领指示，不拉扯身体和衣服，不随便用手指点。

班务行动：轻声缓步，不影响幼儿的学习休息。幼儿午睡时不聊天、不打电话（忌始终握着茶杯、入园离园时坐着接待幼儿、扔书本）。

师幼互动：热情温和、积极应答、仔细观察、不断提示、给予评价、鼓励欣赏。

3）日常办公。

遵守时间：按时上下班，有事（病）请假，带班不离岗，不因私随意换班。

升旗仪式：立正、表情庄重、不说话、行注目礼（忌身体歪斜、双手插在口袋里、手背后或抱胸、交头接耳、嬉笑逗闹等）。

对待工作：积极完成，忌消极怠工、拖拉推诿、等靠依赖、胡乱应付等。

学习开会：准时到会、专心聆听、认真做笔记、真诚交流、手机静音、适时鼓掌。（忌讲闲话、发短信、乱丢纸张、拍桌摔物、随意进出、结束时椅不还原等）

使用物品：轻拿轻放、节约水电、按需用电、及时关水，忌损坏浪费。

环境卫生：有序停放车辆，自觉保持环境卫生，不乱扔垃圾、便张贴等。

生活用餐：文明用餐，离开时主动清理桌面、座椅归位（忌挑选食物、乱扔剩饭菜、高声谈论）。

4）接待领导嘉宾或来访者。接待领导嘉宾，在大门口予以热情的欢迎，主动握手问好，在客人的前侧引导进入接待室，请坐，沏茶。

介绍贵宾，按介绍的先后顺序——"尊者居后"，男先女后、主先客后，如果双方都有很多人，要先从主方职位高者开始。

客人临走，相送至园门外，（客先伸手）握手再见，并表示对其到访的感谢和再次的欢迎。

值班人员对来访者主动问好，询问来访原因，提供帮助和联系，礼貌地请来访者登记。

（二）幼儿教师交往礼仪

全园推广使用普通话。语速适中，态度温和，语言生动、有趣、儿童化。

1. 上课语言

语速适中，语言生动、有趣、儿童化。

细则：使用普通话，用词规范；语气柔和，委婉中听，忌大声呼叫；咬字准确，吐音清晰；语调婉转、平稳，抑扬顿挫，语速适中。

2. 生活语言

亲切关爱，体贴入微，力求体现母爱。

细则：不讲粗话、脏话，忌训斥幼儿；忌大呼小叫，不要离听者太近；时刻面带微笑，保持恰当的目光。

3. 文明用语

（1）接待来宾请使用（忌不理不睬、冷漠、无应答）。

主动询问——您好，请问您找谁？请问您有什么事吗？需要帮忙吗？

被动受问——哦，抱歉，这个我还不太清楚，我可以帮你问一下。

（2）对同事。上班时进幼儿园见到园里的工作人员，均应问"你好"、"早上好"或点头致意。

称呼——在幼儿面前对同事不直呼其名，用幼儿角度的称呼：×老师、×嬷嬷，忌用生活中的称呼：小×、老×……（言谈间不涉及他人隐私）。

提出意见——我对这件事有看法，因为……

提出建议——我想，能不能这样……供参考。

（3）对小朋友和家长使用文明礼貌用语。

问候语——你好！小朋友好！宝宝好！早上好！等。

请求语——请、请稍等、打扰您了、麻烦你帮我等。

感谢语——谢谢、非常感谢等。

抱歉语——抱歉、对不起、很遗憾、请原谅等。

道别语——再见、明天见、待会儿见等。

宽容语——没关系、不客气、应该的等。

（4）打电话。

打电话——先问好，然后做自我介绍，接下来再说事。如"喂，您好！我是中心幼儿园×班的××老师，您是××的妈妈吗？是这样的……"

接电话——先问好，然后做自我介绍，接下来再询问。如"喂，您好！佳佳幼儿园×班××老师，请问您找谁？"或"您好！我是××，有什么事吗？"

放电话——等对方放下电话，然后再挂机。

4. 日常交流中的忌要

把礼貌十字习惯性用于日常口语中，注意不同环境下的音量与语气，对家长体现尊重，对同事体现友爱，对幼儿体现母爱。

（1）当家长提出要求或意见时。

用语：我们一定认真考虑您的意见；您的要求我们明白，请您放心；我们会转达您的建议，谢谢您的帮助。

忌语：那怎么可能、你想得太多了、这是不允许的。

（2）当幼儿生病需要服药和照顾时。

用语：您放心，我们会按时给孩子服药，有特殊情况及时与您联系，药我们已经按时给孩子吃了，据观察孩子病情有所好转，请回家再接着服药。

忌语：知道了、他的药真多、他怎么老是吃药啊。

（3）当家长打电话或亲自来为生病幼儿请假时。

用语：谢谢您通知我们；病情怎么样；您别着急；孩子病情稍好些，可把药带到幼儿园，我们会帮您照顾的。

忌语：知道啦、好的、没事的。

（4）当幼儿遇到困难时。

用语：别着急，我来帮助你；你能行，再试试；有不会的，请老师或同学帮忙；不错，有进步了；挺好的；加油。

忌语：人家都会，就你不会；你做不完就别××；你就吃行，什么都不行。

（5）当幼儿无意出现过失时。

用语：伤着没有？下次要注意；不要紧，老师帮你；勇敢点，自己站起来；有大小便要跟老师说。

忌语：你怎么那么傻、你自己给擦了、真讨厌、你怎么回事。

（6）当幼儿出现打闹等不良行为时。

用语：怎么回事？有事好好说，不能动手；自己解决不了的可以找老师；别人打你，你高兴吗？这样影响多不好；相信你们是知错认错的好孩子，以后不会再做这种事。

忌语：你们两个到外面去吵；看你们吵到什么时候；现在你们打吧，让大家来看看谁赢。

（7）幼儿在园发生意外事故，主动向家长报告。

用语：真对不起，今天……；你别着急，是……；麻烦你观察孩子，有什么不舒服时，需要我们做什么，您尽管与我们联系（次日未来园，主动打电话询问）。

忌语：指责孩子，推诿责任。

（8）放学时家长晚接孩子。

用语：没关系，不着急；请商量好谁接，免得孩子着急；准时来接孩子，孩子会更觉得家庭的温暖；帮助家长是我们应该做的；孩子玩得很自在，晚点接没关系。

忌语：明天早点接了、你怎么老是那么晚、我终于可以下班了。

（9）找个别家长谈话。

用语：对不起，耽误您一会儿时间，反映一下××小朋友近期情况；在……方面要……希望您给予配合（态度平和，说话和气、委婉）。

忌语：××一点不聪明；太吵了；在班上属于中下等；真让人心烦，小朋友也讨厌他。

（10）家长送孩子随意及走进教室。

用语：家长请留步，让孩子学做自己的事情；孩子能做好自己的事情，请您放心；孩子们正在用餐，请您留步。

忌语：家长不要进来！走来走去不卫生；让他自己放书包得了。

（11）家长送幼儿来园上交家庭作业。

用语：做得真棒、宝宝的作业真有创意、做得很认真、你的手真巧、谢谢家长的配合、你的××真是个好孩子、又有进步啦、真漂亮、老师知道你做得很认真、老师知道你尽力了、相信你下次做得更好、下次听清要求会做得更好。

忌语：这是你自己做的吗？怎么做成这样啊？哎呀，做错了；实在难看；老师不是说了吗。

（12）当幼儿出现情绪不佳或不舒服时。

用语：别哭，告诉老师怎么了；让老师来帮助你；宝宝怎么了？哪里不舒服？让老师看看，跟老师说说悄悄话（蹲下、抚摸、拥抱）；你是个听话的宝宝；老师看到你比昨天进步了；老师知道你是个××孩子；老师小时候也和你一样。

忌语：你怎么回事啊、你怎么又这样啦、你烦不烦啊、讨厌的家伙。

（13）幼儿请完假来园。

用语：××小朋友看起来全好啦；老师欢迎你回来；老师和小朋友都想你了；你今天真精神；落下的课老师会帮你补上；宝宝病好些了吧？我们会注意观察孩子，请您放心。

忌语：××你现在才来啊；还要吃药啊；××有好多课都没上到了，怎么办呀。

（三）幼儿教师礼仪规范

"礼者，敬人也"，这是教师礼仪的首要原则，也是教师礼仪的灵魂所在。尊重自己，尊重他人。教师的个人形象在这里已不仅仅只是个人的问题，而是一个团队的整体素质的反映。在创建和谐校园的今天，做文明教师，开礼仪之风，建文明校园、创素质之美。让我们用优美规范的礼仪行为，礼迎天下、礼行天下！

（1）礼仪规范基本要求。

1）教态自然大方，亲切稳重，讲普通话，语言文明，说话轻声悦耳，对幼儿使用正面语言，减少不必要的口头禅。

2）举止大方，动作轻柔，坐、立、走姿势端正文雅。仪表端庄，服饰美观、轻便、整洁，便于工作。上班时不化妆，不留长指甲，不梳披肩发，不佩戴首饰，不穿高、中跟鞋和响底鞋，不穿奇装异服。要根据时间、场合、教育目的的需要来调节自己的外在形象。

3）热情待人，彼此尊重，团结互助，能随时自如地运用礼貌用语，在幼儿面前对家长和同事能用尊称，对客人能主动招呼。

4）刻苦钻研业务，掌握并努力做到精通专业知识，认真学习教育理论，按教育教学规律办事。

5）积极参加进修学习，不断充实新知识，总结新经验，改进教学方法，不断提高教学水平和能力。加强基本功训练，一专多能，提高自身素质，善思考，勤动手，勇探索。

6）带班精神饱满，做到人到心到，聚精会神，不擅离岗位，不与人闲谈，不带个人情绪上岗。

7）教师每日应对幼儿做到一看、二问、三检查、四感觉。

（2）幼儿教师师德规范。

1）幼儿来园时，教师应主动上前笑脸相迎，热情接待每个幼儿，称呼"××小朋友早"，检查幼儿卫生、身体（牌子）情况，并和每个幼儿简单交谈，集中精力指导幼儿活动（稳定情绪、指导活动）。

2）教师进班一律用普通话轻声讲话，互相称呼××老师，在幼儿面前教师为人师表，不跷二郎腿和坐桌子，不长时间坐在椅子上，全身心地指导幼儿活动。

3）教师与幼儿关系民主平等，蹲下来与幼儿亲切交谈。

4）教师严禁体罚和变相体罚，不大声训斥、谩骂幼儿。

一是当老师听不清幼儿说话时应说："请你（或麻烦你）再说一遍"或"请你讲得清楚一点响一点"（"请"字当头）。

二是教师请幼儿帮助做事的，应该说："你辛苦了"、"谢谢你"等。

三是当幼儿做错事情时，不能粗暴地大声斥责或大声叫喊，应主动地说"请你好好想一想，错在哪里？"

四是在任何情况下，教师不应用命令或蔑视、憎恶之类的口吻，不用刻薄、挖苦幼儿的语言，不替幼儿起绰号，不讲反话。

五是教师不使用幼儿劳动力，不随意请幼儿替教师做事。

六是不随意让幼儿离开集体不参加游戏活动。

5）对家长热情，大方有礼谦让，不接受家长的礼品。

6）教师应逐步做到深层次爱幼儿，尊重幼儿，让幼儿积极主动参与活动。

7）教师潜心钻研业务，努力提高保教工作的质量。

任务二　学习礼仪操

一、礼仪的仪态

女士站姿　　男士站姿　　　女士坐姿　　　男士坐姿

走姿　　　　　　　　　　蹲姿

二、礼仪操

（1）幼儿礼仪操。

（2）教师礼仪操。

 友情问答

（1）什么是礼仪？什么是幼儿教师的礼仪？

（2）幼儿教师礼仪的规范有哪些？

（3）通过学习礼仪，说说你身边有关礼仪的故事。

（4）结合自己，谈谈怎样做个学礼仪、懂礼仪的人。

学学做做

请为你的老师和同学表演幼儿礼仪操吧。

音乐

任务一　音乐基本知识

一、什么是音乐

音乐是人们抒发感情、表现感情、寄托感情的艺术，不论是唱、奏或听，都内含着关联人们千丝万缕情感的因素。音乐是对人类感情的直接模拟和升华。广义地讲，音乐就是任何一种艺术的、令人愉快的、神圣的或其他方式排列起来的声音。

二、音乐在学前教育中的重要性

学前儿童音乐教育课程是学前教育专业的一门必修的专业核心课程，它是一门涉及多学科交叉的综合性课程，也是一门实践性、应用性较强的课程，是培养从事学前教育岗位的管理人员特别是幼儿园一线教师及管理人员所必需的知识和技能的课程。通过本课程的学习，旨在使学生提高对学前儿童音乐教育领域的理论和实践问题的认识，全面掌握与学前儿童音乐教育有关的专业知识，并且能运用学前心理学、学前教育学、乐理、键盘、舞蹈等课程制定幼儿园音乐教学的标准，设计幼儿园音乐教学活动，初步具备从事幼儿园音乐教学的基本职业能力。

幼儿音乐教育是在教幼儿学习音乐过程中进行的教育工作，它是人一生中最早的音乐教育。对幼儿来说，音乐活动首先是自我表现的方式和途径。在学前教育阶段，我们可以通过音乐教育发掘幼儿的潜能，塑造幼儿健康活泼的个性，促进幼儿全面和谐的发展。音乐艺术有娱乐性特点，这是吸引幼儿积极参与音乐活动的重要特点之一。利用音乐的娱乐性特点引导幼儿在玩中学，在乐中学，把音乐教育寓于愉快的音乐感受和音乐表现之中，学得愉快，学有所得。引导幼儿在愉快活泼的、富有艺术特点的教育活动中受教育，把教育寓于欢乐的音乐活动之中，以"乐"作为对幼儿进行教育的有效手段，以促进幼儿性格活泼开朗，身心健康，精神满足，德、智、体、美等方面同时受到教育。音乐教育是在儿童愉快的音乐活动中进行的，它的教育影响往往不像语言说教表述得那样直截了当，而是像春雨点点滴滴渗透到儿童的内心情感、心灵深处，起着熏陶、感染的教育作用。因此，音乐教育中无论是能力培养、思想认识提高，还是心灵陶冶都需要经过一个循序渐进、连续不断、潜移默化的教育过程。

任务二　五线谱知识、基础乐理

一、五线谱的构成

用来记载音符的五条平行横线叫做五线谱。五线谱的五条线和由五条线所形成的间，都是自下而上计算的。

假使音乐作品是写在数行五线谱上，那么，这数行五线谱还要用连谱号连结起来。

连谱号：包括起线（连结数行五线谱的垂直线）和括线（连结数行五线谱的括弧）两个组成部分。

括线分花的和直的两种。

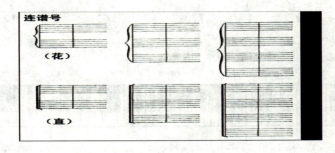

以下图示五条线，就是五线谱：分一、二、三、四、五条线。

（1）五条线中间的空白处为间，共有四间。

（2）放在五线谱开头分别为高音谱号和低音谱号。

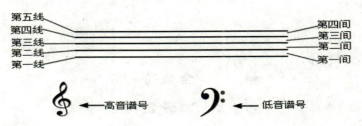

线谱、简谱音阶对照示意图：

下面画的是一个标准的钢琴五线谱表（这里省去了升降号），红色的是与五线谱音符相对应的简谱音符。高音谱号和低音谱号各自有五条线，五线谱也因此得名。五线谱记谱方式的基本概念是：音符从低到高一目了然，每一个音符都在一个固定的位置上——在线上或线间。

二、简谱唱法与五线谱的音名唱法对照

五线谱与键盘的对应关系如下图所示：

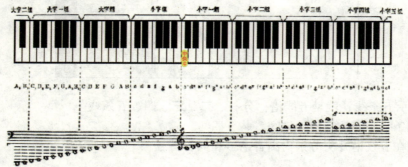

三、音符和休止符

用以记录不同长短的音的进行的符号叫做音符。

𝅝	全音符
𝅗𝅥	二分音符
♩	四分音符
♪	八分音符
♬	十六分音符

用以记录不同长短的音的间断的符号叫做休止符。

▬	二分休止符
𝄽	四分休止符
𝄾	八分休止符
𝄿	十六分休止符

音值的基本相互关系是：每个较大的音值和它最近的较小的音值的比例是 2 与 1 之比。例如，全音符等于两个二分音符，一个二分音符等于两个四分音符；全休止符等于两个二分休止符等。

四、拍号

在一段音乐进行过程中，乐音通常会以一定的力度强弱来反复进行，如一般常见的华尔兹舞曲就是以"澎—恰—恰"（强—弱—弱）的三拍子形式来进行，这就是拍号。

（1）二拍子系统。二拍子系统是以强—弱、强—弱的力度形态进行的拍子系统，常见的二拍子拍号如下：

在上方的数字代表一个小节有几拍，下方的数字则代表用几分音符当一拍，例如 2/4 代表一个小节有 2 拍，用 4 分音符当一拍；4/4 代表一个小节有 4 拍，用 4 分音符当一拍。

（2）三拍子系统。三拍子系统是以强—弱—弱的力度形态进行的拍子系统，常见的三拍子拍号如下：

例：3/4 代表一个小节有 3 拍，用 4 分音符当一拍；3/8 代表一个小节有 3 拍，用 8 分音符当一拍；6/8 代表一个小节有 6 拍，用 8 分音符当一拍；9/8 代表一个小节有 9 拍，用 8 分音符当一拍。

（3）后拍子系统。后拍子系统是前二者的综合运用，常见的有 5 拍和 7 拍两种。

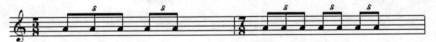

五、谱号

前面已经讲过，在五线谱上音的位置愈高，音也愈高；反之音的位置愈低，音也愈低，但到底高多少、低多少却无法确定。在五线谱上要确定音的高低，必须用谱号来标明。这种谱号记在五线谱的某一条线上，便使这条线具有了固定的音级名称和高度，同时也确定了其他各线上或间内的音级名称和高度。

通常用的谱号有三种：

G 谱号 表示小字一组的 g，记在五线谱的第二线上，叫高音谱号；另外有记在第一线上的，叫古法国式高音谱号。

F 谱号 表示小字组的 f，记在五线谱的第四线上，叫低音谱号；另外还有记在第五线上的，叫倍低音谱号。

C 谱号表示小字一组的 c，可记在五线谱的任何一线上。

目前被采用的 C 谱号有 C 三线谱号（中音谱号 ）为中音提琴所用，有时也为长号所用。C 四线谱号（次中音谱号）为大提琴、大管和长号所用。其他 C 谱号一般较少应用。

使用许多谱号的目的是为了避免过多的加线，以使写谱和读谱更加方便。

各种谱号可以单独使用，也可以连接起来使用，如高、低音谱号所组成的大谱表便是。

六、符点

符点是记在音符符头右边的小圆点儿，用以增长音符的时值。如果一个音符的右边带有一个符点，那么就表示此音符的时值在原来的基础上还要再增加 1/2；如果是带有两个符点的音符，则表示此音符的时值在原来的基础上还要再增加 3/4。例如：

同样，符点一样适用于休止符，它所表示的意义和用在音符后面时是一样的。

任务三 声乐常识及简单教学

一、声乐常识

声乐是指用人声演唱的音乐形式。歌曲的演唱形式主要有齐唱、合唱、对唱、重唱、领唱、独唱和表演唱。

声乐演唱包括美声唱法、民族唱法和通俗唱法，现在中国又出现了原生态唱法。而通常声乐指美声唱法。

（一）美声唱法

美声唱法以音乐优美、发声自如、音与音连接平滑匀净、花腔装饰乐句流利、灵活为特点。歌唱中特别强调气息的控制，强调连贯性及音色的优美，要求歌唱中语气富于变化，情感表达真挚。

（二）民族唱法

这里所指的民族唱法则是作为狭义地来理解，主要是指演唱民族风格较强的声乐作品时所用的技术方法及一些规律。它们既是从戏曲、曲艺、民歌这些民族传统唱法中提炼和继承下来的，同时又借鉴和吸收了西洋唱法中优秀的结果。研究民族唱法尤其不能离开民族语言，因为歌唱语言是生活语言的艺术加工。

（三）流行唱法

流行唱法（又名通俗唱法）于 20 世纪 30 年代在我国得到广泛的流传。开始叫流行歌曲唱法，后来称通俗唱法。为与国际接轨，现在又改回流行歌曲唱法，简称流行唱法。

流行唱法声音的主要特点是完全用真声唱，接近生活语言，轻柔自然。强调激情和感染力，演唱时有意借助电声的音响制造气氛，所以很注意话筒的使用方法和电声效果。

二、科学练声

（1）循序渐进，要每天坚持练习，持之以恒。

（2）练声时注意力要集中，精神饱满，充满激情。

（3）初学者不应追求大音量及高音，而应追求声音的圆润自如和音质的优美。

第一阶段：气的练习。

未曾出声先练气。研究资料表明，人在正常情况下，每分钟呼吸 16～19 次，每次呼吸过程 3～4 秒钟，而演唱时，有时一口气要延长十几秒，甚至更长，而且吸气时间短，呼气时间长，必须掌握将气保持在肺部慢慢呼出的要领，所以要先做深吸慢呼气息控制延长练习。其要领是：先学会"蓄气"，先压一下气，把废气排出，然后用鼻和舌尖间隙像"闻花"一样，自然松畅地轻轻吸，吸得要饱，然后气沉丹田，慢慢地放松胸肋，使气像细水长流般慢慢呼出，呼得均匀，控制时间越长越好，反复练习 4～6 次。

第二阶段：声、字的练习。

对于声乐学习者来说，在喊嗓练声上容易犯急于求成的毛病，恨不得很快就能喊出又高又亮的嗓音来，急着喊高音，猛喊甚至瞎喊乱喊，这往往是事与愿违的。我们在喊嗓练声时，要有意地先练气息而不急于发声，要遵循循序渐进的规律和要有持之以恒的毅力。字音的真切，决定着声音的圆润，"以字行腔"正是这个理儿。在练声中的字、音、气的关系，应是托足了"气"，找准了"音"，咬真了"字"。具体方法是：用汉语拼音的方法把字头、字腹、字尾放大放缓，以字练声，然后加快，同时练嘴皮子和唇齿牙舌喉的灵活性。①唇音练习：（先放慢，放大念一遍逐渐加快到念绕口令）八—百—标—兵—奔—北—坡，北—坡—炮—兵—并—排—跑，炮—兵—怕—把—标—兵—碰，标—兵—怕—碰—炮—兵—炮。②齿音练习（方法同上）：四—是四，十一是—十，十四是—十四，四十一是—四十，不要把十四—说—四十，也不要把四十一—说—十四。③舌音练习（方法同上）：六十六岁刘老六，推着六十六只大油篓，六十六枝垂杨柳，拴着六十六只大马猴。

舞蹈常识及基础教学

任务一　舞蹈常识

一、什么是舞蹈

舞蹈自然离不开手舞足蹈，但是不能说手舞足蹈就是舞蹈。因为，人们欣喜或悲时，所表现的动作，不能算是舞蹈，它只是一种表达自己感情的自然形态舞蹈动作。如踢踏舞脚下急速变化的踏步，印度舞中上身的手臂动作和眼睛上下左右的移动，朝鲜舞中的耸肩等。这是经过加工，还有一定节奏作了有机的组合，能使人产生美感。

究竟什么是舞蹈？英国有位舞蹈家认为："舞蹈是由感情产生的运动。"美国舞蹈家认为："舞蹈是身体的一种有节奏的运动。""舞蹈是在一定空间之中，合着一定的节奏所作的身体连续的运动。"法国舞蹈家认为："舞蹈是通过本能的或提炼的动作，惯常的或富有艺术性的表达思想感情的一种形式。"日本舞蹈家认为："舞蹈是存在于时间与空间之中的肉体有节奏的运动。"我国现代戏剧家欧阳予倩认为："舞蹈是单独用动作来传达感情的……它所表现的是高度的感情集中。"

根据近年来舞蹈界的探讨，我们可以这样认为，舞蹈是以有节律的、美化的人体动作为手段来表达人的内在心态，反映社会现实生活的一种艺术。舞蹈的独特之处正在于它以人体的动态深刻地折射出人情、人性和人生的真谛，极大限度地展示其艺术的魅力，使人们在欣赏之中受到感染和启迪。

二、舞蹈分类

舞蹈分为单人舞、双人舞、三人舞、群舞、歌舞等。

幼儿舞蹈通过科学系统的训练方法，培养孩子们良好的姿势以及高贵的气质，增强孩子的身体协调能力，培养身体对节奏的敏感性，给孩子美和艺术的熏陶，开发他们的艺术

潜能。同时，学习幼儿舞蹈耗能培养和增强儿童的注意力、模仿力、表演能力、形象思维能力等，提升儿童的学习效果，实现儿童学习能力提高，培养孩子的综合能力，为孩子的全面发展打下基础。

三、舞蹈基本功训练

（一）压腿

这是舞蹈基础训练中最为基本的训练内容，分别为压前、旁、后腿。压腿的练习有助于打开学生腿部关节的韧带。压腿时要注意腿部关节的直立，脚背向外打开绷直，并保持上半身的直立。向下压至上半身和腿部之间没有缝隙。个别学生韧带太紧，在压腿的过程中不要苛求一定要压下去，保持正确的姿态，日积月累就可以拉长韧带，达到要求。特别注意的是胯部要端正。压旁腿和后腿的时候学生最容易出胯和斜胯，需要及时矫正。在压旁腿时，同侧的手扶住把杆，另一只手臂紧贴在耳边，向腿上靠近并尽量向远处伸展，拉长旁腰。压后腿时，注意肩膀端平，颈部不要缩，撑住头部别掉下去，并向后伸展。

伴奏带：选用节奏感比较强的音乐。

（二）压肩

这是打开肩部韧带的练习。压肩时，双手臂伸直放在把杆上。两腿之间的距离略等于肩宽。头部和脊柱都要放松，向下压时能够感觉到肩部韧带被拉长。

伴奏带：中速，节奏舒缓2/4。

（三）推脚背组合

脚背的好坏因人而异，大部分取决于先天因素，但也不能忽视后天的训练。在训练之前，从脚尖到整个大脚背都要活动开；训练时，双手扶把杆，挺胸抬头、收腹提臀，双脚并拢站好，先从单脚背训练开始。

1～2拍：单脚脚后跟抬起，五个脚趾紧扒地面。

3～4拍：脚尖绷直，向墙内推，使整个脚背绷成月牙形。

5～8拍：换另一只脚，动作相同。

双脚背练习亦同。年龄小的学生在做此类训练中，注意力不集中，易低头去看自己和他人的动作，在做推脚背时，双脚容易打开，脚背推不起来，需要时刻提醒和规范动作。

（四）踢后腿

双手扶把杆小八字步站好，膝盖要绷直，头抬起来平视前方。在踢后腿的过程中，上半身保持不动，不要侧身回头，胯不能松，脚背和膝盖都要绷直，切忌身体前倾。如果在反复强调，学生还是做不到位的情况下，可以先单一地练习控后腿，即双手扶把杆，把一条腿向后抬起来，纠正学生的姿态，然后再过渡到踢后腿。

（五）劈腿跳

　　劈腿跳是为学习中间大跳做好准备的手扶把杆的跳跃组合。在做这一动作跳起来时要注意双脚同时一前一后打开，打开过程中，绷直脚背，伸直膝盖，跳跃越高，腿叉越开越好。着地时，双脚快速收拢，两脚并起来着地。

（六）大踢腿

　　大踢腿是培养腿的力度和开度的训练，不论是前腿还是旁腿，都要保持上半身直立，中段夹紧，眼睛注视前方。踢腿的过程中，同样要注意脚背和膝盖的绷直。有许多学生在踢腿的时候，为了让腿部可以碰到身体，上半身极力向前够，这样做，颈部便往回缩，头向前探，双膝弯曲，非常难看。所以，在踢腿前要告诫他们，踢不高没有关系，最重要的是保持正确的姿态。在这一前提下，经过刻苦练习，腿会越踢越高，韧带越拉越长，在学生取得微小的进步时，要及时给予赞赏和鼓励。有些学生回家也经常自己练习，到课堂上教师可以明显地感到她的变化和提高，则更要适当的给予称赞，否则就会挫伤学生学习的积极性。除了身体和腿要注意外，两只手臂也不能忽视。在踢腿的过程中，一定要保证手臂端平，不能放松下来。

（七）下腰

　　年龄偏小的学生腰的柔韧性不错，但是手脚都没有力量，支撑不住身体，常常是用头

顶住地面下腰，教师都要给学生以适当的帮助，保护他们，纠正下腰的姿态，告诉他们用力的部位和下腰的方法。

双脚打开至肩宽，双臂向上伸直，五指打开，手心朝前。下腰时，上半身向后仰，头抬起来向后找自己的脚后跟，身体和手都向脚后跟靠齐并往里卷。下好以后，手臂和膝盖都尽力撑直，眼睛看脚后跟。

对年龄偏大、有一定基础的学生，让他们做甩腰训练，加大训练强度。结束后要做回腰练习：双脚并拢蹲下来，双手抱住双膝，头埋下来，教师顺着脊柱给学生做按摩，保护他们的脊柱不受伤害。

（八）劈腿

劈腿有利于拉伸腿部韧带。在训练时，注意脚背不能松弛，我们可以按照这样的顺序训练：

（1）左脚在前劈腿，双手抱住左脚，控1～2分钟，然后腿不动，身体向后仰。有基础的学生可以用右手撑住地面，左手抓住后腿控住。

（2）左脚在前的竖叉不动，身体向右转的同时变胯，变为横叉。双脚背不要趴倒在地面，上半身和脚背都要立起来，然后上半身趴倒在地面，双手臂向前伸展，趴胯1～2分钟。

（3）横叉不动，再向右转，变为右脚在前的竖叉。重复动作（1）。

（九）小跳组合

训练学生的弹跳能力，可以由简单的一二五位小跳，发展到相互交叉的综合性复合型小跳。小跳过程中，双膝直立，双脚背向外推开。着地时，脚尖先落，落地要轻，上半身不能前后摇晃，落地半蹲，上半身绷紧向下，臀部夹紧。

少儿舞蹈培训与专业舞蹈训练有很大区别。在做把杆上的动作组合时，不可能像专业学员那样的强度和难度。除非是经过若干年业余训练，自身条件可以达到专业水平了才有能力做到难度和强度并举的动作组合。少年儿童活泼好动，喜爱好玩有趣的动作，这就要求教师在编排这类把杆上的动作组合时，注意结构简单易学，学生有能力做到。好玩好学，自然就会激发学生的学习兴趣，加之在教学中不断给予学生以适当的鼓励和赞许，学生接受得就快。

任务二 认识钢琴及简单教学

一、认识钢琴

钢琴英文名是 Piano，Piano 是 pianoforte 的简称。其机械装置有键盘、击弦机、琴槌、制音器、琴弦和踏板。现代钢琴的键盘达七个八度，最高音为 A；也有再加一个小三度的，最高音为 C（88 键）。钢琴第一次用于独奏是 1768 年 J. C. 在英国的一次演出。现代钢琴因形状和体积的不同，主要分为立式钢琴和三角钢琴，钢琴因为宽广的音域及纯美的音色被称为乐器之王。

二、学习钢琴

（一）坐姿、基本手型

演奏钢琴的坐姿非常重要。演奏者要面对钢琴中央端正、自然地坐在琴凳上，腰、背要直并且略向前倾。不要像坐沙发那样坐得太深，坐琴凳的一半就够了。如果是年幼的学习者，双脚避免悬空，如需要，脚下可垫适当高度的小板凳。

座位的高低，要以双手自然放在键盘上时，肘部与键盘基本在同一水平面上或肘部略高于键盘为准。如果没有可升降的琴凳，可以在琴凳脚下垫木块儿、胶垫等物。不宜在臀下加软垫。

琴凳与琴的距离应以演奏者双手放在键盘上时，大臂与小臂之间的角度略大于直角为宜。

在乐谱音符上标记的阿拉伯数字叫作指法，它们对应着左右手不同的手指。从双手的大拇指起，各个手指的编号依次为 1、2、3、4、5。另外，在乐谱中左手经常标记为 L. H.（或 m. s.），右手经常标记为 R. H.（或 m. d.）。

弹奏钢琴，没有一种绝对正确的或固定不变的手型，但对于初学者，还是应该强调培养一种正确的基本手型。其要点是：手指自然弯曲，手掌呈半圆形，像罩着一只无形的气球；掌关节及第一、第二关节都要凸出，不应凹陷；大拇指第一关节略向内弯，用前端侧面触键，其他手指以指尖肉垫处触键，小拇指要注意站正，不要倒向外侧；手腕略低于掌关节。

　　（二）认识键盘与音名、唱名

　　现代钢琴的琴键由白键与黑键两种琴键构成，其中黑键按照两个一组、三个一组有规律地间隔排列。我们把向左弹奏叫作下行，声音越来越低；向右弹奏叫作上行，声音越来越高。

　　如同人有名字一样，音乐中的每个音级也有它们各自的名称，这就是音名。在乐音体系中有七个基本音级，它们的音名用 C、D、E、F、G、A、B 七个字母来表示。在钢琴键盘上，白键就是基本音级。

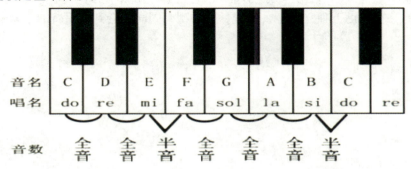

音名	C	D	E	F	G	A	B	C
唱名	do	re	mi	fa	sol	la	si	do	re

| 音数 | 全音 | 全音 | 半音 | 全音 | 全音 | 全音 | 半音 |

　　唱名是人们在演唱乐谱时所使用的名称。我们目前使用固定唱名法，将 C、D、E、F、G、A、B 七个基本音级唱作 do、re、mi、fa、sol、la、si。闭上眼睛，触摸键盘，借助黑键的位置特点，判断你摸到的白键是什么音。弹奏这个音并唱出它的唱名。

　　（三）基本的触键方法

　　钢琴有三种基本的触键方法：断奏或称非连奏（Nonlegato）、连奏（Legato）、跳奏（Staccato）。

　　（1）断奏指每弹奏一个音都要把手臂提起和落下，前后发声的两个音是断开的。断奏的基本奏法：弹奏每一个音时，手臂都要抬起，然后自然落下，以指肚前端触键（大拇指指肚侧面触键）。触键的手指要站稳，支撑住手臂重量，整个手臂要放松，让力量由上向下贯通，做到"前挺后松"，发声要结实而圆润。

（2）连奏指两个或两个以上的音连贯奏出，从前一手指到下一手指的弹奏过程中手不离开琴键。

（3）跳奏也是一种断开的奏法，但手指触键轻巧，声音更为短促而富有弹性。

在三种基本触键方法中首先要学习断奏，它是其他触键方法的基础。通过学习断奏，让每个手指能够在琴键上独立站好，塑造良好手型，同时体会到把手臂的重量送达指尖的贯通感。

幼儿教师学美术

任务一　走进美术世界

文化进步的国民，既要实施科学教育，又要普及美术教育。

——蔡元培

一、美术的概念

美术，运用各种不同的物质材料（如布、纸张、颜料、泥石、木材等），通过线条、形式、色彩与肌理等造型因素，在平面或立体的空间中创造出可视的艺术形象。

二、美术的分类

美术分为绘画、雕塑、摄影、书法、篆刻、工艺美术、建筑艺术等。

绘画是美术中最主要的艺术形式。它是一种使用笔、刀等工具，颜料、墨等物质材料，运用线条、色彩、明暗、透视、构图、造型等艺术手段，在二度空间内塑造可以直接看到的艺术形象，反映社会生活，表达作者思想感情和审美感受的艺术。

（1）从绘画体系来划分，绘画分为东方绘画和西方绘画。

（2）从绘画使用材料、工具、技法的不同，分为中国画、油画、版画、水彩画、水粉画、丙烯画、素描、速写等。

（3）从绘画题材内容的不同，分为肖像画、风景画、风俗画、静物画、历史画、军事画、宗教画、动物画等。

（4）其他。招贴画、年画、连环画、插图、壁画、漫画、装饰画等。

三、绘画的几种艺术形式特点

（一）中国画

中国画颜料，用水或者墨调和，用毛笔在宣纸、绢等材料上作画（白描、写意、工笔）。

（二）水粉画

水粉颜料，用水调和，用水粉排笔在水粉纸、卡纸、布、木板等材料上作画。

（三）丙烯画

丙烯颜料，用水或者丙烯调和油，用毛笔、排笔在纸、布、木板、玩具等多种材料上均可作画且不易掉色。

（四）其他

水彩笔、彩色铅笔、水溶性彩色铅笔、油画棒等。

任务二 儿童美术与手工教学的认知

一、儿童美术发展阶段

（一）涂鸦期

1.5～3 岁，盲目涂写，逐渐控制笔的运行方向和力度。

（二）象征期

3～5 岁，根据记忆创造象征符号，如圆形、方形、三角形等。以自我为中心，与真实物象相差较大，具独创性，多为抽象的人和物。

（三）意象表现期

5～8 岁，有观察、认识、想象，凭记忆表达心绪和意象。

二、培养儿童绘画与手工的兴趣

（一）创造环境，培养兴趣

尽兴涂抹绘画，七巧板拼图、石子摆图、玩橡皮泥、撕纸、拼画等益智游戏，培养儿童动手能力，启发儿童的形象思维。

（二）科学引导，增强信心

DVD 碟片、书籍、图片资料欣赏，作品展示，组织美术展览活动，多鼓励少指责，耐心引导，培养儿童热情。

（三）满足好奇，勇于创新

（1）变换美术工具。彩色铅笔、水彩笔、油画棒、水粉、毛笔、排笔等交替出现。

（2）改变绘画材料。素描纸、卡纸、彩色纸、宣纸、布料、木板等。

（3）创意。绘画与玩乐与手工制作同时进行，沙画、吹画、粘贴画、石头画、布艺画等。

三、绘画与手工的互动教学

（一）图案与装饰画的表现

用点、线、面、色彩等形式，修饰、夸张、变化、分割、重组到创造新图形，题材可用花卉、动物、风景、人物、几何图案等。

过程：构思—造型—构图—线描细节—调整上色。

（二）常见的手工制作

第一，纸工造型主要有折纸、剪纸、撕纸、剪贴画、贺卡设计、立体造型、面具造型

（头饰设计）、立体花等。

第二，方法：描绘图案—折、剪—粘贴—修改调整。

（1）折纸。按折纸图的步骤顺序折出造型。

（2）剪纸（雕刻）。步骤：①把纸折叠成对角四等分。②画出图案画稿。③用剪刀或刻刀按画稿剪刻出造型。④把剪好的纸样粘贴到背景纸上，完成作品。

（3）撕纸（题材：动物、植物、卡通画图案等）。步骤：①画稿。②分主次。③撕主体部分，再撕细节部分。④组合粘贴。⑤修改调整。

（4）剪贴画（题材：动物、卡通画、少数民族图案等）。

步骤：①画稿。②分主次剪图案。③粘贴主体部分，再贴细节部分。④组合粘贴。⑤修改调整。

（5）贺卡设计。步骤同（4）。

（6）纸工立体造型。步骤同（4）。

（7）面具造型（头饰设计）。步骤：①画稿。②分主次剪图案。③粘贴主体部分，再贴细节部分。④制作立体头箍。⑤把做好的面具纸样粘贴到头箍上，固定好，完成作品。

（8）立体花造型（丝网花、纸艺花等）。步骤：①用铁丝、纸、丝或绢制作成造型各异的花朵备用。②把造型各异的花朵进行组合。③把花束安插在花瓶或器皿中完成立体造型。

（9）泥工造型：（橡皮泥、面粉团）。

1）平面粘贴。步骤：①橡皮泥或面粉团用搓、捏、拍、团等手法塑造出各种造型备用。②在背景平面上用各种造型的橡皮泥或面粉团按画面粘贴，完成作品。

2）立体塑形。步骤：①橡皮泥或面粉团用搓、捏、拍、团等手法塑造出各种造型备用。②用各种造型的橡皮泥或面粉团按作品形象进行立体粘贴。③粘贴细节，调整，完成作品。

任务三 综合材料手工

一、综合材料手工分类

可分为布艺造型（废旧衣物利用）、蛋壳造型、鹅卵石造型、塑料瓶和饮料纸杯及吸管造型、绘画手工花瓶、彩绘盘碟、立体花园（集体协作练习）、幼儿园环境布置等。

二、做法

（一）布艺造型（废旧衣物利用）

步骤：

（1）根据造型图案所需，选好花色旧衣物备用。

（2）在旧衣物上裁剪出卡通形象的各部件布片。

（3）用针线进行部件联结，并在里部填充棉花或高弹棉等膨胀物，把封口缝合。

（4）粘贴细节部分，调整，完成作品。

（二）蛋壳造型

步骤：

（1）鸡蛋清洗后，在鸡蛋的上下扎个小洞，将蛋黄蛋清用嘴吹出。

（2）铅笔线描。

（3）然后上色（水粉、丙烯）。

（4）修改图案。

（5）制作底座（纸、橡皮泥）。

（三）鹅卵石造型

步骤：

（1）石头清洗。

（2）铅笔线描，然后上色（水粉、丙烯），修改图案。

（3）透明喷漆，完成。

（四）塑料瓶和饮料纸杯和吸管等造型

步骤：

（1）收集造型各异的塑料瓶、纸杯、吸管等材料备用。

（2）通过剪切、缠绕、插接、铆钉、粘贴等方法进行造型，完成作品。

（五）绘画盘碟（水粉、丙烯绘画）

步骤：

（1）洗净盘子，晾干备用。

（2）用颜料（水粉、丙烯）在盘子上作画，完成造型。

（六）立体花园（集体协作练习）综合材料应用

步骤（略）。

作品例图：

（七）幼儿园环境布置

任务四　肌理表现的分法及制作方法

一、肌理表现的分法
（1）压印法（揉搓各类纸张印）。
（2）吹彩法（各种颜料及墨汁等）。
（3）印拓法（橡皮雕刻印章、树叶、瓶盖、手印、脚印）。
（4）撒盐法（雪花的形成）。
（5）滴蜡法（蜡染）。
（6）浸染法（宣纸＋水彩笔，蜡染）。
（7）笔触堆砌法。
（8）喷溅法（牙刷沾水粉颜料）。

二、制作方法
制作方法有压印法、吹彩法、印拓法、撒盐法、滴蜡法、侵染法等。

压印法

吹彩法

印拓法

撒盐法

滴蜡法

 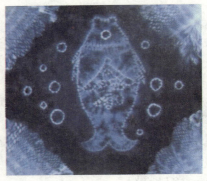

浸染法

笔触堆砌法

喷溅法

第二单元

会计专业

认识专业

一、会计专业概述

（一）会计的产生

人类要生存，就离不开衣、食、住、行，就需要消费生活资料。在远古时代，人们从事生产活动极为简单，如部落成员共同进行狩猎、采集和种植等生产活动，以取得生活资料，并在部落内进行分配，从而产生了计量和记录劳动成果的需要。由于当时的生产活动很简单，生产成果的种类和数量很少，人们只是在生产活动之余，采用"结绳"、"刻契"等简单的方法计量和记录生产活动的过程和结果。这些方法成为生产职能的一种附带管理工作。

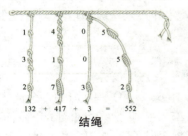

结绳

刻契

后来，人们在与环境的斗争过程中，又发明了图画、象形文字，以至真正的文字，而且还根据自己的需要，从双手的运动中领悟了数的概念，并运用于对生产活动及其成果的计量和记录上。这就是最原始的会计或会计的萌芽。

随着生产力的发展，生产规模的不断扩大和生产社会化，特别是私有制的出现，不仅在政治、经济、文化等方面产生了极为深刻的影响，而且也促进了原始计量和记录方法的巨大变革，会计逐渐成为由专职人员进行的专职工作。

（二）会计的含义

会计的含义可以概括为：会计是经济管理的一项重要组成部分，它是以货币为主要计量单位，以提高经济效益为主要目标，运用专门的方法对企业、机关、事业单位和其他组织的经济活动进行核算和监督，并随着经济的日益发展，逐步展开预测、决策、控制和分析的一种经济管理活动。

会计核算是会计工作的基本环节，其主要内容包括记账、算账和报账。习惯上，人们往往把会计核算作为会计的同义词来看待，而实际上却忽略了预测、决策、控制、分析的职能。

二、会计的重要性

从会计产生和发展的历史来看，会计既是经济管理必不可少的工具，同时又是经济管理的组成部分。因此，任何社会的经济管理活动都离不开会计，经济越发展，管理越要加强，会计就越重要。

三、会计专业的就业前景和就业方向

（一）就业前景

1. 三百六十行，行行有会计

会计掌握的是一个团体的经济命脉，每一个团体都需要他们。无论在企业单位还是事业单位，会计都必不可少，小到一般财物的管理，大到远景战略目标的制定，都需要会计参与并发挥重要作用。因此，三百六十行，行行有会计，会计的就业门路是最广的。

2. 社会需求量源源不断

随着各种经济实体不断涌现，社会对会计类人才的需求也会增加，尤其是熟知专业业务和国际事务的会计师将成为热门人才。具有会计、统计知识和财务管理能力的财会人才，由于在企业增收节支和避免企业财务危机方面具有举足轻重的作用，并且擅长精打细算，成为企业急需人才。注册会计师被称为"不拿国家工资的经济警察"，是我国社会经济监督体系的一个重要组成部分。

3. 因为专业，所以卓越

与其他的经济学专业相比，会计学作为一门实用型的学科，必须要接触很多统计学、审计学等数学学科的知识，所以必须拥有专而精的专业基础和专业知识，替代性比较小，会计学与一般的管理类学科有本质上的区别，会计学培养人才的方式是纵向培养，从初级会计学到中级再到高级财务会计，稳扎稳打，专业性强。

（二）就业方向

会计专业的四大职业方向：第一种是"做会计的"，即从事会计核算、会计信息披露的狭义上的会计人员，全国大约有 1200 万人，其中总会计师或"CFO"级别的，全国大约有 3 万人；第二种是"查会计的"，包括注册会计师和政府及企事业单位审计部门的审计人员、资产清算评估人员，全国目前大约有 8 万名注册会计师以及 30 万左右的单位内部审计人员；第三种是"管会计的"，全国估计不少于 20 万人；第四种是"研究会计的"，全国估计不超过 3 万人。

（1）在各类企业事业单位、会计师事务所、经济管理职能部门、金融与证券投资部门以及三资企业、外贸公司等经济部门与单位从事会计及财务管理。

（2）会计师：所有企业制和非企业制组织都会需要；注册会计师：在会计师事务所工作；证券分析师：在债券股份公司工作；银行职务：在一些金融机构工作。

四、会计专业相关证书

（一）会计从业资格证

从事会计工作的人员，必须取得会计从业资格证。会计从业资格证是会计人员从事会计工作的必备资格，是从事会计行业人员所必须的唯一合法的有效证件，是会计人员进入会计行业的门槛。属地管理，全国通用。会计从业资格证也是考会计职称的前提条件。目前我国实行考试制度，凡高中以上学历、申请《会计从业资格证》的人员均可报名考试，

通过考试合格者可获得《会计从业资格证》。

（二）ACCA（英国特许公认会计师认证）

作为国际上最权威的会计师组织，ACCA被称为"会计师界的金饭碗"。其会员资格在国际上得到广泛认可。英国立法许可ACCA会员从事审计、投资顾问和破产执行的工作，有资格直接在欧盟国家执业。

（三）AIA（国际会计师专业资格证书）

AIA是以英国为基础的国际会计师公会所授予的国际会计师专业资格证书，是五个受到英国法令承认的专业资格认证实体之一，并且AIA会计专业资格还被认可为公司审计师的专业资格认证。

（四）CGA（加拿大注册会计师协会）

CGA是国际公认的会计专业资格认定。其会员可在加拿大执业，独立签署审计报告。据加拿大注册会计师协会北京代表处介绍，所有参加培训的人员均需评估入学资格，学员凭入学资格评估信申请入学。高中毕业可从初级课程开始修读。

（五）CMA（美国管理会计师认证考试）

CMA是由美国管理会计学会（IMA）建立的专业证照制度，在许多国家和著名的跨国公司都得到了广泛的承认。

（六）ASCPA（澳大利亚注册会计师协会）

ASCPA是澳大利亚最大的会计师组织，在国际上具有相当的知名度，会员享有审计报告签字权。该资格考试共有16门，对于通过中国注册会计师考试的学员可以免考四门，每门课只允许一次补考，每年7月和12月考试两次。

五、升学与案例

（一）升学

（1）覃秀敏、梁钰凤、黄小谢（田东县人），彭艳梅（隆林县人），姚来弟（凌云县人），冯蓝伊、杨天妃、李玉娜（田林县人），韦林业（西林县人），黄求纯（乐业县人），黄玉娜（德保县人），2013年毕业于田东职业技术学校百川会计1班，并考取北京应用大学。

（2）林璇（靖西市人），黄菲菲、黄秀和（田东县人），覃爱巾（田阳县人），2014年毕业于田东职业技术学校百川会计2班，并考取北京应用大学。

（3）何思思，2015年毕业于田东职业技术学校百川会计2班，考取桂林理工大学。

（4）黄棉、黎丽华、岑小妹、谢名清等，2016年毕业于田东职业技术学校百川会计3班，并分别考上广西现代职业技术学院、广西交通职业技术学院、广西农业职业技术学院、广西金融职业技术学院。

（二）就业

莫秋菊，2015年毕业于田东职业技术学校百川会计2班，现就职于广西那坡县百益矿业开发投资有限公司，业务主管，月薪5000元。

谭金莲，2016年毕业于田东职业技术学校百川会计3班，现就职于广东能强有限公司，月薪5000元。

会计基本技能

任务一　鉴别人民币

　　人民币是中华人民共和国的法定货币，单位为"元"（简写"RMB"，以"￥"为代号）。人民币与我们的生活息息相关，每个人都有责任爱护它，有义务保护它。使用人民币的时候，最怕遇到假币，你收到过假币吗？生活中应如何鉴别真假人民币呢？

一、识别假币要点

　　通常采用"一看、二摸、三听、四测"的方法来识别人民币纸币真伪。

　　（一）看

　　（1）看水印。第五套人民币各券别纸币的固定水印位于各券别纸币票面正面左侧的空白处，迎光透视，可以看到立体感很强的水印。100 元、50 元纸币的固定水印为毛泽东头像图案。20 元、10 元、5 元纸币的固定水印为花卉图案。

　　（2）看安全线。第五套人民币纸币在各券别票面正面中间偏左，均有一条安全线。100 元、50 元纸币的安全线，迎光透视，分别可以看到微缩文字"RMB100"、"RMB50"，仪器检测均有磁性；20 元纸币，迎光透视，可看到一条明暗相间的安全线；10 元、5 元纸币安全线为全息磁性开窗式安全线，即安全线局部埋入纸张中，局部裸露在纸面上，开窗部分分别可以看到由微缩字符"￥10"、"￥5"组成的全息图案，仪器检测有磁性。

　　（3）看光变油墨。第五套人民币 100 元券和 50 元券正面左下方的面额数字采用光变油墨印刷。将垂直观察的票面倾斜到一定角度时，100 元券的面额数字会由绿色变为蓝色；50 元券的面额数字则会由金色变为绿色。

　　（4）看票面图案是否清晰，色彩是否鲜艳，对接图案是否可以对接上。

第五套人民币纸币的阴阳互补对印图案应用于 100 元券、50 元券和 10 元券中。这三种券别的正面左下方和背面右下方都印有一个圆形局部图案。迎光透视，两幅图案准确对接，组合成一个完整的古钱币图案。

（5）用 5 倍以上放大镜观察票面，看图案线条、微缩文字是否清晰干净。

第五套人民币纸币各券别正面胶印图案中，多处均印有微缩文字。100 元微缩文字为"RMB"和"RMB100"；50 元为"50"和"RMB50"；20 元为"RMB20"；10 元为"RMB10"；5 元为"RMB5"和"5"字样。

（二）摸

（1）摸人像、盲文点、中国人民银行行名等处是否有凹凸感。第五套人民币纸币各券别正面主景均为毛泽东头像，采用手工雕刻凹版印刷工艺，形象逼真、传神，凹凸感强，易于识别。

（2）摸纸币是否薄厚适中，挺适度好。

（三）听

即通过抖动钞票使其发出声响，根据声音来分辨人民币真伪。人民币的纸张，具有挺括、耐折、不易撕裂的特点。手持钞票用力抖动、手指轻弹或两手一张一弛轻轻对称拉动，能听到清脆响亮的声音。

（四）测

即借助一些简单的工具和专用的仪器来分辨人民币真伪。如借助放大镜可以观察票面线条清晰度，胶、凹印微缩文字等；用紫外灯光照射票面，可以观察钞票纸张和油墨的荧光反应；用磁性检测仪可以检测黑色横号码的磁性。

二、认识第五套人民币

1999 年 10 月 1 日，中国人民银行陆续发行了第五套人民币。第五套人民币共八种面额：100 元、50 元、20 元、10 元、5 元、1 元、5 角、1 角。第五套人民币根据市场流通中低面额主币实际上大量承担找零角色的状况，增加了 20 元面额，取消了 2 元面额，使面额结构更加合理。

为提高第五套人民币的印刷工艺和防伪技术水平，经国务院批准，中国人民银行于 2005 年 8 月 31 日发行了第五套人民币 2005 年版 100 元、50 元、20 元、10 元、5 元纸币和不锈钢材质 1 角硬币。

（一）第五套人民币防伪特征

①双色异形横号码。②固定人像水印。③胶印微缩文字。④胶印对印图案。⑤光变油墨面额数字。⑥白水印。⑦雕刻凹版印刷。⑧手工雕刻头像。⑨盲文面额标记。⑩隐形面额数字。⑪凹印手感线。⑫全息磁性开窗安全线。

（二）2005 年版第五套人民币 100 元、50 元、20 元纸币的样本

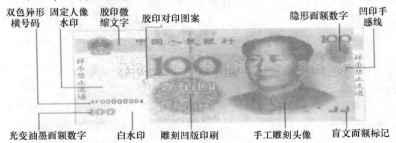

全息磁性开窗安全线　　胶印对印图案

汉语拼音"YUAN"　年号"2005"年

双色异形　固定人像　胶印微　　　　　　　　　　　　隐形面额数字　凹印
横号码　　水印　　缩文字　胶印对印图案　　　　　　　　　　　　手感线

光变油墨面额数字　　白水印　　雕刻凹版印刷　　手工雕刻头像　盲文面额标记

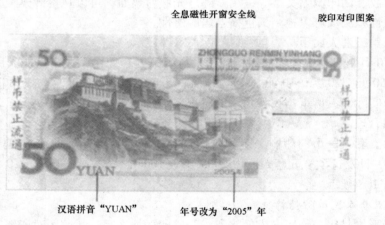

全息磁性开窗安全线　　　　胶印对印图案

汉语拼音"YUAN"　　　年号改为"2005"年

双色横　　　　　　　　　　　　　　　　　　　　　　　　　凹印
号码　固定花卉水印　　全息磁性开窗安全线　隐形面额数字　手感线

胶印对印图案　　白水印　　胶印微缩文字　手工雕刻头像　盲文面额标记

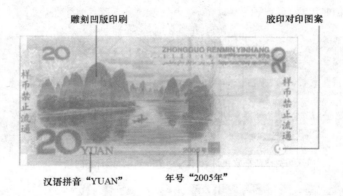

雕刻凹版印刷 · · · · · · 胶印对印图案

汉语拼音"YUAN"   年号"2005年"

三、辨别第五套人民币 100 元纸币的真假

用紫光灯、验钞机等简单工具检验钞票真假，真币钞面"中国人民银行"字样下有一个金色的"100"，通过验钞机时机器不会发出声响。假钞在紫光灯照射下看不见这个"100"，用验钞机检验时，验钞机会发出警报声。

不透光时，人民币的100字样   不透光时，假币仍然可看见水印。
呈现淡黄色。

不透光时，真币的100字样   不透光时，真币的水印是看不见的。
无色，但有可分辨的凹凸感。

真币的100字样在平放和斜放时，显示出蓝、绿两种不同颜色。

假币在平放和斜放时，100字样均呈现绿色。

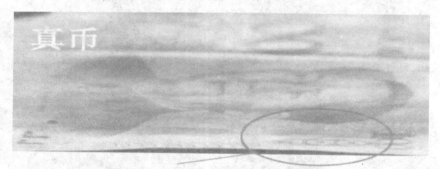

真币从这个角度看，可以看到"100"的字样。

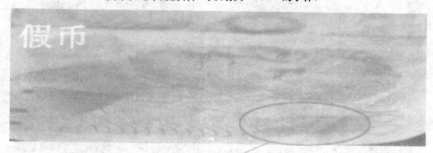

假币从这个角度看，看不到"100"的字样。

任务二　手工点钞技巧

我们一定在银行柜台前见过工作人员用手工点钞和用点钞机点钞。看着工作人员熟练、快速的手法，你是否产生了"有朝一日，我也要有这样的好身手"的念头呢？那么，应该如何学习点钞技术呢？俗话说"磨刀不误砍柴工"，以下就从了解和熟悉点钞的基本要领和基本步骤开始。

一、点钞的基本要领

1. 姿势要正确

点钞是坐着进行的。坐姿应该是直腰挺胸，身体自然，肌肉放松，双肘自然放在桌上。

2. 钞券要蹾齐

需要点清的钞券必须清理整齐、平直。对折角、弯折、揉搓过的钞券要将它弄直、抹平，明显破裂、质软的钞券要先挑出来。理好后，将钞券在桌面上蹾齐。

3. 手指触面要小

点钞时，捻钞的手指与钞券的接触面要小，一般是指尖的左侧面与钞券相接触。

4. 动作要连贯

点钞过程的各个环节必须密切配合，环环相扣。清点中双手动作要协调、连贯，速度要均匀，要注意减少不必要的小动作。

5. 点和数要协调

点数准确，一要精神集中，二要定型操作，三要手点、脑记，手、眼、脑紧密配合，点和数两者必须协调一致。同时，记数时尽量用心数，避免用口数，口数容易造成记数过慢。

二、点钞的基本步骤

点钞的步骤一般包括拆把、持钞、清点、蹾齐、扎把、盖章等环节。

1. 拆把

成把清点时，首先要将扎条拆下。拆把时可将扎条脱去，保持其原状，也可将扎条用手指勾断。

2. 持钞

不同的点钞方法都有其特定的持钞姿势，具体的做法将在后面的内容中进行介绍。请注意，持钞姿势是否正确也会影响点钞的准确与速度。

3. 清点

在清点过程中力求做到既准又快，同时还要将残损破币挑出来，以保持流通中票面的整洁，并以 100 张为一个清点单位（把）。

4. 蹾齐

清点完 100 张钞券后，在扎把前，先将钞券蹾齐，要让每一把钞券都整齐美观，就必须做到钞券四边对齐，不露头或不呈梯形错开，卷角的钞券应拉平。

5. 扎把

蹾齐后，双手将钞券捏成瓦形，再用扎条扎好。扎条要求扎在钞券的 1／2 处，左右偏差不得超过 2 cm，并要扎紧、扎实，以提起第一张钞券不被抽出为准。

6. 盖章

在扎条的上侧加盖点钞员的名章，表示对此把钞券的质量、数量负责，所盖图章要清晰明了。

三、手工点钞的方法

根据持钞姿势的不同，手工点钞可划分为"手持式点钞法"和"手按式点钞法"两大类，每一类点钞法又有不同的具体方法。手持式点钞法是将钞券拿在手上进行清点的方法，手按式点钞法是将钞券按放在台面上进行清点的方法。

（一）手持式点钞法

手持式点钞法一般有手持式单指单张点钞、手持式一指多张点钞、手持式四指拨动点钞和手持式五指拨动点钞等多种方法。这里只展示手持式单指单张点钞法和手持式四指拨动点钞法。

1. 手持式单指单张点钞法

（1）持钞。

（2）清点。

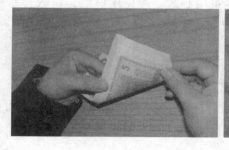

（3）记数。记数要与清点同时进行。在点数速度快的情况下，应该采用分组记数法。每点 10 张记为 1 组，即 1、2、3、4、5、6、7、8、9、1（即 10），1、2、3、4、5、6、

7、8、9、2（即20），以此类推，当数到1、2、3、4、5、6、7、8、9、10时，即点到了100。

（4）扎把。点完100张钞券后就要进行扎把。

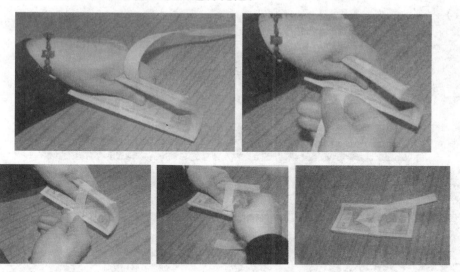

（5）盖章。扎把完毕后，点钞员将名章加盖在扎条纸的上侧以示负责，所盖图章要清晰明了。盖章后，就完成了一把的全部操作。

2. 手持式四指拨动点钞法

（1）持票。

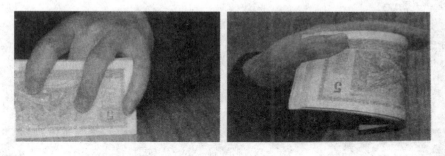

（2）清点。

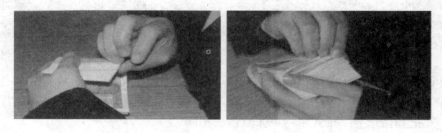

（3）记数。采用分组记数法。每次点四张为一组，记满25组为100张。

（4）扎把和盖章。这两步与手持式单指单张点钞法的操作相同。

（二）手按式点钞法

手按式点钞法是将钞券按放在桌面上进行清点的点钞方法。手按式点钞法可分为单指单张点钞、多指多张点钞、四指拨动点钞、推捻点钞等多种方法。下面只展示手按式单指单张点钞法和手按式多指多张点钞法。

1. 手按式单指单张点钞法

（1）按钞。

（2）清点。

（3）记数。采用分组记数法，以 10 为一组记数。记数方法与手持式单指单张点钞法基本相同。

（4）扎把和盖章与手持式单指单张点钞法相同。

2. 手按式多指多张点钞法

该法与手按式单指单张点钞法基本相同，只是清点和记数略有不同。下面以三指三张为例。

（1）清点。

（2）记数。记数采用分组记数法，三张点钞以 3 张为一组记一个数，数 33 组再加一张即为 100 张。

（3）扎把和盖章与手持式单指单张点钞法相同。

 练一练

分别按照本节介绍的手持式单指单张点钞法、手持式四指拨动点钞法、手按式单指单张点钞法和手按式多指多张点钞法来练习点钞。

任务三 财会数字的书写

会计书写技能是非常重要的基本功。虽然同学们在小学阶段就会写数字了，但是要想写好会计字又非一日之功。会计技能对数字的书写要求不同于平时数字的书写，不仅要书写正确，还必须符合会计规范的要求，只有经过长期不懈的专业训练，才能达到标准化和规范化。

一、阿拉伯数字的书写

会计工作中，阿拉伯数字的书写如下图所示，上半部是手写体字样，下半部是账表中的书写。

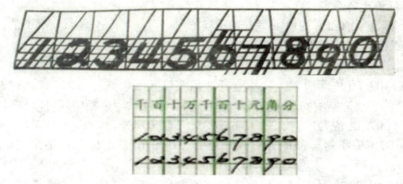

（1）阿拉伯数字的写法是自上而下，先左后右，不能增笔少画，不能连写，大小基本一致，间距勿大，保持等宽。字体上部向右、下部向左各倾斜30°，在账表中的高度一般为4/8或3/8，在通栏（无分位格）中书写时，上下数位还要对齐。

（2）各个数字都要靠底线书写，不能悬空，除7与9上部略低1/8、下部伸出底线1/8外，其余都不能写出底线。7与9出底线部分不能拐尾，以防改7为2、改9为8。9的上部应是封口的0，以防改9为5。

（3）6的右上起笔处，应从超出半格少许起书写，呈弧线向左7/8处转向右翘起成0，以防改6为8，改1为6。

（4）1不能写得太小，上部勿带钩，下部勿拐尾，避免写得像分节号，以防改1为2、4、6、7、9。

（5）8应写满半格（另如0、2、3、4、7、9都可略低1/8），右上角起止处可略伸出格外，以防改3为8。

（6）0不能写小了，不能长角，不能出尾，不能张开口，不能写成扁长形。连写几个0时，不能出现连接线，以防改0为2、6、8、9。

（7）4的两竖应上下平行，左竖至离底线1/8处右折成横线过右竖线，右竖线到底，以防改4为9。

（8）5的上竖较右横略高出，以防改5为8。

（9）在票据金额的前边要冠以人民币符号"￥"，元以下无角分的要用"0"补足，例如￥903.00。

（10）为了看数方便，整数部分从个位起每隔三位用分节号（也叫撇分节）或"，"

分开，个位与十分位之间的数字下面应标明小数点"．"。

二、金额的书写

（一）中文大写金额

（1）中文大写金额数字应用正楷或行书填写，如壹、贰、叁、肆、伍、陆、柒、捌、玖、拾、佰、仟、万、亿、元、角、分、零、整（或正）。不得用一、二（或两）、三、四、五、六、七、八、九、十、念、毛、另（或0）填写，不得自造简化字。

（2）中文大写金额到"元"或"角"，在"元"或"角"之后应写"整"（或"正"）字，"角"以后可以不写。

（3）中文大写金额前应标明"人民币"字样，且紧接着大写金额。票据中未印有"人民币"字样的，应加填"人民币"三字。

（二）阿拉伯小写金额

阿拉伯小写金额前面，均应填写人民币符号"￥"，不得连写或分辨不清。

（三）有关"零"的写法

（1）阿拉伯小写金额中间有"0"时，中文大写金额要写"零"。

例如，￥1409.50应写成"人民币壹仟肆佰零玖元伍角整"。

（2）阿拉伯小写金额中间连续有几个"0"时，中文大写金额中间可以只写一个"零"。

例如，￥6007.14应写成"人民币陆仟零柒元壹角肆分"。

（3）如果阿拉伯小写金额的万位或元位是"0"，但是千位角位不是"0"时，中文大写金额中可以只写一个"零"，也可以不写"零"。

例如，￥1680.32应写成"人民币壹仟陆佰捌拾元零叁角贰分"或"人民币壹仟陆佰捌拾元叁角贰分"；￥107000.53应写成"人民币壹拾万柒仟元零伍角叁分"或"人民币壹拾万零柒仟元伍角叁分"。

三、支票中日期的书写

支票的出票日期必须使用中文大写。为防止变造票据的出票日期，在填写月、日时：月为壹、贰和壹拾的，日为壹至玖和壹拾、贰拾、叁拾的，应在其前加"零"；日为拾壹至拾玖的，应在其前加"壹"。

例如，1月15日应写成"零壹月壹拾伍日"；10月20日应写成"零壹拾月零贰拾日"。

 练一练

（1）请写出下列小写金额的大写金额。

小写金额	大写金额	小写金额	大写金额
￥35.70		￥16.03	
￥400.05		￥80009.00	
￥5001.37		￥4200.48	
￥60.00		￥509000.06	
￥750.60		￥60502.03	
￥8254.97		￥111.00	
￥17532.48		￥4310.08	

（2）请用写出下列日期中文大写。

2014年2月15日　　　　　　2014年9月30日

账务处理程序

初学者在刚开始学习做账的时候，接触的经济业务大多用文字描述出来，如"到银行提取现金2000元"。然而，在实际工作中，经济业务不是这样表达出来的，而是通过原始凭证呈现出来。其实，原始凭证对大家来说并不陌生，有的还是经常接触的。现在，我们来系统认识一下原始凭证。

一、认识原始凭证

原始凭证是指在经济业务发生或完成时取得或编制的，载明经济业务实际发生或完成的经过情况，明确经济责任，是具有法律效力的书面证明，是记账的原始依据。常见的原始凭证有（部分）：

领 料 单　No

领用部门：　　　　　　　　　年　月　日　　　　　第　号

商品名称及规格	单位	数　　量	备　注

财务：　　　　取单：　　　　发货：　　　　制单：

①存根(白)②记帐(兰)③提货(红)

发票号码：No01004389　　　　　　**收 料 单**　　　　收料单编号：11057
供应单位：　　　　　　　　　　年　月：日　　　　　收料仓库：**材料库**
材料类别：**原料及主要材料**

编号	名称	规格	单位	数量		实 际 成 本				计 划 成 本	
				应收	实收	买价 单价	金额	运杂费	其他	合计	单位成本	金额
K150	A材料		千克	400	400	65	26 000	279		26 279		
	合　　计						26 000	279		26 279		

采购员　　　　　　检验员　　　　　　记账员　　　　　　保管员

说明：验收入库的材料按计划成本计入"原材料明细表"，月末一次结转。

顺德农商银行 SHUNDE RURAL COMMERCIAL BANK　　　**进账单**（持票人回单）　　1
年　月　日

出票人	名称			
	账号		开户银行	
收款人	名称			
	账号		开户银行	

金额　人民币（大写）　　　　　　　　　亿 千 百 十 万 千 百 十 元 角 分

票据种类		票据张数	
票据号码			

记账：　　　　复核：　　　　　　　（开户银行盖章）

第一联　开户银行交给持（出）票人的回单

限 额 领 料 单

领料单位：生产车间　　　　　　2009年2月　　　　　发料仓库：2号
用途：B产品生产　　　　　　　　　　　　　　　　凭证编号：008

材料类别	材料编号	材料名称及规格	计量单位	领料限额	实际领用	单价	金额	备注
型钢	0348	圆钢10mm	公斤	500	480	4.40	2112	

日期	请领		实发			限额结余	退库	
	数量	签章	数量	发料人	领料人		数量	退库单
2.3	200		200			300		
2.12	100		100			200		
2.20	180		180			20		
合计	480		480			20		

供应部门负责人：　　　生产计划部门负责人：　　　仓库负责人签章：

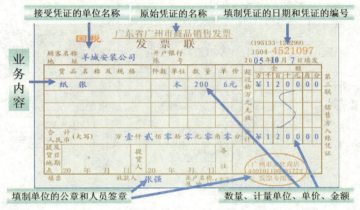

二、原始凭证的内容

尽管原始凭证的种类很多，格式不尽相同，但是任何一种原始凭证都必须具备一些共同的基本内容，具体如下图所示：

三、填制原始凭证

原始凭证的填写必须按照以下要求进行：

（1）真实可靠、手续完备。

（2）内容完整、书写清楚。

（3）妥善保管、及时流转。

（4）按规定填写票据和结算凭证。

例1. 2007 年 9 月 8 日，宏达工贸有限公司通过转账向锦华材料公司支付材料款 18520 元。

该项经济业务的原始凭证如下图所示：

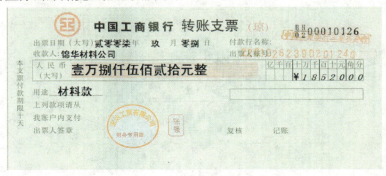

例 2. 2007 年 6 月 15 日，光大机器设备公司向大华企业销售机床 2 台，单价 10000 元。

光大机器设备公司坐落在龙华区玉桥路 29 号，电话 64148689，税号：120111603374782，账号：中行桥道分理处 4092566。

大华企业坐落在西城区中山路 61 号，电话 32106668，税号：330622735521211，账号：工行胜利分理处 6090667。

该项经济业务的原始凭证如下图所示：

海南省增值税专用发票　　№ 00335621

发　票　联

开票日期：2007 年 6 月 15 日

购货单位	名　称	大华企业		纳税人登记号		330622735521211	
	地址、电话	中山路61号32106668		开户银行及账号		工行胜利分理处6090667	
货物或应税劳务名称	计量单位	数量	单价	金额（十 万 千 百 十 元 角 分）	税率（%）	税额（十 万 千 百 十 元 角 分）	
机床	台	2	10000	¥ 2 0 0 0 0 0 0	17	¥ 3 4 0 0 0 0	
合　计				¥ 2 0 0 0 0 0 0		¥ 3 4 0 0 0 0	
价税合计（大写）	零拾 贰万叁仟 肆佰零拾零元零 角零分　¥：23400.00						
销货单位	名　称	光大机器设备公司		纳税人登记号		120111603374782	
	地址、电话	玉桥路29号64148689		开户银行及账号		中行桥道分理处4092566	

销货单位（章）：　收款人：　复核：　开票人：张三

第二联　发票联　购货方记账凭证

练一练

2007 年 8 月 20 日，文化公司到星光商场购入下列物品，以现金支付。圆珠笔 50 支，单价 3. 10 元；档案袋 100 个，单价 0. 20 元。请根据该项经济业务的内容尝试填写下列原始凭证。

国税　海南省海口市货物销售发票　国销三字　№ 3077521

发　票　联

客户名称　　年　月　日 填开

品名规格	单位	数量	单价	超过万元无效	金额（千 百 十 元 角 分）	备注
金额合计（大写）　仟　佰　拾　元　角　分						

开票人：　收款人：　开票业户（盖章）

发票联（付款方报销凭证）

任务二　填制记账凭证

账务处理中，仅有原始凭证是不够的，还必须对原始凭证进行处理，就是填制记账凭证。填制记账凭证涉及的会计术语比较多，如会计要素、会计科目、借方贷方等，这些我们都会在这一模块中有初步的认识。可以说，填制记账凭证是做账的开始，账做得好与否、正确与否，关键在于记账凭证的填制。

一、认识记账凭证

记账凭证是由会计部门根据审核无误的原始凭证或原始凭证汇总表编制而成的，是登记账簿的依据。账务处理中常用的记账凭证有收款凭证、付款凭证、转账凭证、通用记账凭证，前三者统称专用记账凭证。

收款凭证用于记录与现金和银行存款的增加有关的经济业务。

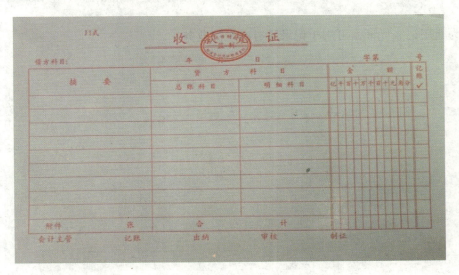

付款凭证用于记录与现金和银行存款的减少有关的经济业务。

转账凭证用于记录既不涉及现金又不涉及银行存款的经济业务。

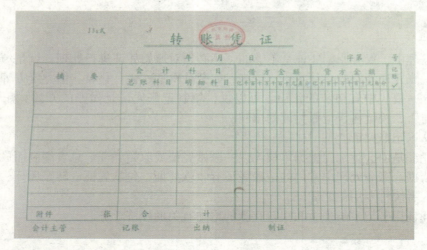

此为通用记账凭证，可用于记录所有的经济业务。

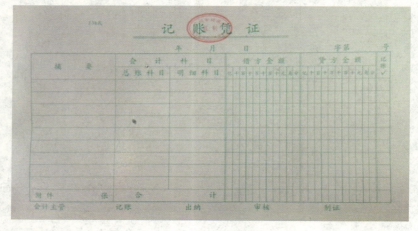

二、填制记账凭证

经济业务发生后，要根据取得或编制的原始凭证填制记账凭证。

例：某项经济业务的原始凭证如下图所示：

深圳发展银行现金支票存根

支票号码：No：08356194

科 目 _____

对方科目 _____

出票日期 2005 年 12 月 5 日

收款人：广东华恒家私有限公司	
金 额：￥12000.00	
用 途：备用金	

单位主管 会计

首先，作为会计人员，必须能够根据原始凭证登记的内容判断发生了什么样的经济业务。这张支票存根告诉我们：2005 年 12 月 5 日广东华恒家私有限公司填发现金支票到银行提取现金 12000 元以备用。然后，分析经济业务，编制记账凭证如下：

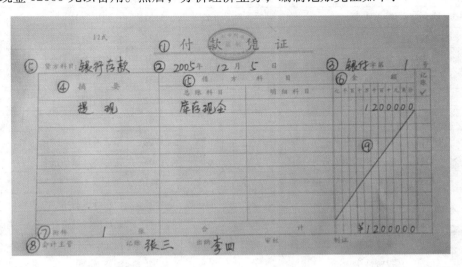

在以上凭证中：

（1）记账凭证的名称，即收款凭证、付款凭证、转账凭证或记账凭证。要根据经济业务的具体内容选用正确的记账凭证。

（2）记账凭证的填制日期。

（3）记账凭证的编号，一般按月按顺序编号，不得跳号、漏号、重号。

（4）经济业务的摘要，对不同的经济业务，摘要文字应有不同的表述。

（5）经济业务涉及的会计科目。经济业务发生后，要分析经济业务涉及哪些会计科目。在这张付款凭证上，借方科目和贷方科目分别写着"库存现金"、"银行存款"，"库存现金"和"银行存款"就是"会计科目"。除此之外，还有很多会计科目，《企业会计准则——应用指南》中设置了企业账务处理常用的会计科目（部分）：

顺序	编号	会计科目名称	顺序	编号	会计科目名称
一、资产类					
1	1001	库存现金	11	1122	应收账款
2	1002	银行存款	12	1123	预付账款
3	1003	存放中央银行款项	13	1131	应收股利
4	1011	存放同业	14	1132	应收利息
5	1012	其他货币资金	15	1201	应收代位追偿款
6	1021	结算备付金	16	1211	应收分保账款
7	1031	存出保证金	17	1212	应收分保合同准备金
8	1101	交易性金融资产	18	1221	其他应收款
9	1111	买入返售金融资产	19	1231	坏账准备
10	1121	应收票据	20	1301	贴现资产

顺序	编号	会计科目名称	顺序	编号	会计科目名称
一、资产类					
21	1302	拆出资金	47	1531	长期应收款
22	1303	贷款	48	1531	未实现融资性房地产
23	1304	贷款损失准备	49	1541	存出资本保证金
24	1311	代理兑付证券	60	1631	油气资产
38	1451	损余物资	61	1632	累计折旧
39	1461	融资租赁资产	62	1701	无形资产
40	1471	存货跌价准备	63	1702	累计摊销
41	1501	持有至到期投资	64	1703	无形资产减值准备
42	1502	持有至到期投资减值准备	65	1711	商誉
43	1503	可供出售金融资产	66	1801	长期待摊费用
44	1511	长期股权投资	67	1811	递延所得税资产
45	1512	投资股权投资减值准备	68	1821	独立账户资产
46	1521	投资性房地产	69	1901	待处理财产损溢
二、负债类					
70	2001	短期借款	71	2002	存入保证金

企业的会计要素共有六个，分别是资产、负债、所有者权益、收入、费用、利润，每个会计要素下又细分出多个会计科目。六大会计要素之间，有着既定的数量关系，即资产 = 负债 + 所有者权益，收入 - 费用 = 利润。这两个公式即会计等式。在编制记账凭证时：对于资产类的会计科目，增加的金额登记在借方，减少的金额登记在贷方；对于负债和所有者权益类的会计科目，则恰好相反。

（6）经济业务涉及的金额。每项经济业务的借方科目金额等于贷方科目金额。

（7）记账凭证所附原始凭证的张数。由于记账凭证是根据原始凭证填写的，所以每一份记账凭证都要附有原始凭证。

（8）有关责任人的签名或者盖章。

（9）注销记账凭证中的空行。记账凭证填制完毕后，如有空行，应当自金额栏最后一笔金额数字下的空行处至合计数上的空行处画斜线或一条"S"形线注销。

任务三　登记账簿

前面已经学习了原始凭证和记账凭证，这两种凭证均能记录经济业务的发生和完成情况，但凭证数量很多，又很分散，所提供的信息是零散的，不能全面反映全部经济活动的情况，因此，有必要通过设置和登记账簿来解决这一问题。账簿的登记，对于加强经营管理，提高经济效益具有重要的意义。

一、认识账簿

账簿是以凭证为依据，全面、连续、系统地记录各项经济业务的簿籍。在会计工作中，经常使用的账簿有：

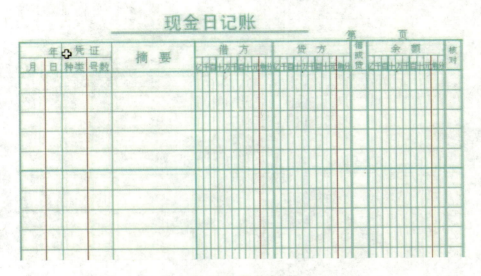

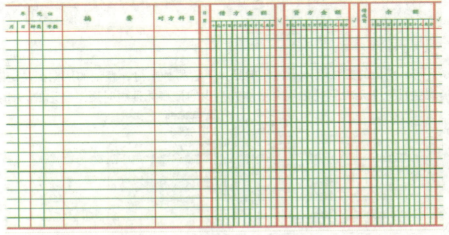

总账

第　　页

年		凭证		摘　要	借方	贷方	借或贷	余　额	核对
月	日	种类	号数		亿千百十万千百十元角分	亿千百十万千百十元角分		亿千百十万千百十元角分	

明细分类账
SUBSIDIARY LEDGER

二、登记账簿

账簿不同，登记的方法就不一样。但是，不管哪种账簿，登记的依据都是记账凭证。

（1）现金日记账是根据登记现金增加或减少的记账凭证序时逐笔登记的，如：

现金日记账

科目：库存现金　　　　　日期：2007-03-01 — 2007-03-31

2007年 月	日	凭证字号	摘要	借方	贷方	借或贷	余额
			上期结转			借	60000
3	5	付0001	提现	600000		借	660000
3	5		本日合计	600000		借	660000
3	10	付0002	购办公用品		85000	借	575000
3	10		本日合计		85000	借	575000
3	15	付0005	预借差旅费		150000	借	425000
3	15		本日合计		150000	借	425000
3			当前合计	600000	235000	借	425000
3			当前累计	600000	235000	借	425000

这张账页登记的是 2007 年 3 月份现金增加和减少的情况。其中，第一行说明，3 月初现金余额是 600 元；第二行说明；3 月 5 日发生了一笔经济业务——到银行提取现金，从而增加现金 6000 元（登记在借方），登账的依据是"付字 0001 号"记账凭证，且该日结束时现金余额为 6600 元；第四行说明，3 月 10 日又发生了一笔经济业务——购买办公用品，致使现金减少 850 元（登记在贷方），登账的依据是"付字 0002 号"记账凭证，且该日结束时现金余额为 5750 元。

　　（2）银行存款日记账是根据登记银行存款增加或减少的记账凭证序时逐笔登记的，例如：

　　这张账页登记的是 2006 年 1 月银行存款增加和减少的情况。其中，第一行说明，1 月初银行存款余额是 134450 元；第三行说明，1 月 2 日发生了一笔经济业务——向银行借款，增加了银行存款 150000 元（登记在借方）；第四行说明，1 月 3 日发生了一笔经济业务——偿还银行借款，减少了银行存款 250000 元（登记在贷方）。

　　（3）总账是按照会计科目的编码顺序设立账户的，每个会计科目可开设相应的账户，如"原材料"会计科目可开设"原材料"账户，进而计入"原材料"总账，"应付账款"会计科目可开设"应付账款"账户，进而计入"应付账款"总账。所以，一项经济业务涉及哪些会计科目，就可登记相应的总账。

图表所示的是"库存现金"总账，登记的是某年 12 月份涉及"库存现金"会计科目的经济业务，如"支付职工生活补助"、"提现"、"购买零星办公用品"等。借方和贷方分别表示现金的增加和减少。

（4）明细账是对其所属总账的补充，能提供比总账更为详细的资料，如：

明 细 分 类 账　　第　1　页
SUBSIDIARY LEDGER　　连续第　页

科目编号 A/C NO. ___112201___　　明细科目 SUB LED A/C 深圳三勇建材有限公司　　总账科目 GENLED A/C 应收账款

×年 月	日	凭证 字号	摘要	借方	贷方	借或贷	余额
12	1		期初余额			贷	2340000 0
	3	记01	收回前欠账款		234000 00	平	0
	19	记15	赊销B产品	234000 0		借	2340000 0

图表所示的是"深圳三勇建材有限公司"明细账，其所属的总账是"应收账款"。"应收账款"顾名思义"应向对方（即债务人）收回的款项"，为了详细说明应向谁（即债务人）收回款项，每一个对象（即债务人）就开设一个明细账。如甲公司应向 A 公司收回款项，甲公司就要在"应收账款"总账下开设"A 公司"明细账；应向 B 公司收回款项，就开设"B 公司"明细账。图中的明细账登记的都是与深圳三勇建材有限公司有关的经济业务，即应向深圳三勇建材有限公司收回款项。

任务四 编制财务报告

　　编制财务报告是对会计核算工作的全面总结，也是及时提供合法、真实、准确、完整会计信息的重要环节，特别是在市场经济发展的条件下，与企业的会计信息使用者（包括企业内外有关部门和有关人员，如主管部门、财政局、税收局、审计局、银行、投资者、债权人及其他利害相关人）有着密切的联系。

一、财务报告的含义

　　财务报告是指企业对外提供的反映企业某一特定日期财务状况和某一会计期间经营成果和现金流量等会计信息的文件，包括会计报表及其附注和其他应当在财务报告中披露的相关信息和资料。会计报表至少应当包括资产负债表、利润表、现金流量表、所有者权益变动表和附注。小企业编制的会计报表可以不包括现金流量表。下面只展示资产负债表和利润表。

资产负债表

会企 01 表

编制单位：　　　　　　　　　　___年___月　　　　　　　　　　单位：元

资产	行次	年初数	期末数	负债和所有者权益（或股东权益）	行次	年初数	期末数
流动资产：				流动负债：			
货币资金	1			短期借款	68		
短期投资	2			应付票据	69		
应收票据	3			应付账款	70		
应收股利	4			预收账款	71		
应收利息	5			应付工资	72		
应收账款	6			应付福利费	73		
其他应收款	7			应付股利	74		
预付账款	8			应交税金	75		

资产	行次	年初数	期末数	负债和所有者权益 （或股东权益）	行次	年初数	期末数
应收补贴款	9			其他应付款	80		
存货	10			其他应付款	81		
待摊费用	11			预提费用	82		
一年内到期的长期股权投资	21			预计负债	83		
其他流动资产	24			一年内到期的长期负债	86		
流动资产合计	31			其他流动负债	90		
长期投资：							
长期股权投资	32			流动负债合计	100		
长期债权投资	34			长期负债：			
长期投资合计	38			长期借款	101		
固定资产：				应付债券	102		
固定资产原价	39			长期应付款	103		
减：累计折旧	40			专项应付款	106		
固定资产净值	41			其他长期负债	108		
减：固定资产减值投资	42			长期负债合计	110		
固定资产净额	43			递延税项：			
工程物资	44			递延税款贷项	111		
在建工程	45			负债合计	114		
固定资产清理	46						
固定资产合计	50			所有者权益（或股东权益）			
无形资产及其他资产：				实收资本（或股本）	115		
无形资产	51			减：已归还投资	116		
长期待摊费用	52			实收资本（或股本）净额	117		
其他长期资产	53			资本公积	118		
无形资产及其他资产合计	60			盈余公积	119		
				其中：法定公益金	120		
递延税项：				未分配利润	121		
递延税款借项	61			所有者权益（或股东权益）合计	122		
资产总计	67			负债及所有者权益（或股东权益）总计	135		

企业负责人：　　　　　主管会计：　　　　　制表：　　　　　报出日期：　　年　月　日

利润表

会企 02 表

编制单位：　　　　　　　　　　　　　　　　____年____月　　　　　　　　　　单位：元

项目	本期金额	上期金额
一、营业收入		
减：营业成本		
营业税金及附加		
销售费用		
管理费用		
财务费用		
资产减值损失		
加：公允价值变动收益（损失以"－"号填列）		
投资收益（损失以"－"号填列）		
其中：对联营企业和合营企业的投资收益		
二、营业利润（亏损以"－"号填列）		
加：营业外收入		
减：营业外支出		
其中：非流动资产处置损失		
三、利润总额（亏损总额以"－"号填列）		
减：所得税费用		
四、净利润（净亏损以"－"号填列）		
五、每股收益：		
（一）基本每股收益		
（二）稀释每股收益		

二、财务报告的编制要求

财务报告是根据记录完整、审核无误的账簿记录和其他有关资料编制的，要做到数字真实、计算准确、内容完整、报送及时。

（1）数字真实。财务报告中的各项数据必须以调整、核实相符后账簿记录为依据填列，不得使用估计或推算数字，更不得弄虚作假，以保证报表数字的真实性、客观性。

（2）计算准确。财务报告中的各项数据计算应准确无误。

（3）内容完整。在不同时期报送的各种财务报告必须按规定的要求编制齐全，每种报表本身包括的各个项目及补充资料必须详细填列齐全。

（4）报送及时。按规定的时间和程序编制和报送财务报告，保证会计信息的时效性。

第三单元

服装设计与工艺专业

认识专业

一、服装的概念

服装俗称"衣裳"、"衣服"。它是人们每时每刻都离不开的生活必需品，不仅起着遮体、护体、保健、御寒、防暑等作用，而且还起着装饰、美化、标志等作用，通过衣质、色彩、裁制、造型和装缀等的变化，要求在满足基本功能的基础上，能够充分显示人的体态和仪容的美感，或表现人的社会地位、职业和个性。所以服装是一种带有工艺性的生活必需品，而且在一定程度上，反映着国家、民族和时代的政治、经济、科学、文化、教育水平以及社会风尚，是两个文明建设的必然内涵。

二、服装的分类

我国服饰工艺历史源远流长，经过不断的完善和改进，逐步形成各有特色的各个朝代的服装，出现了开始讲究的商代服装、服饰齐全的春秋战国服装、分类定名的汉代服装、工艺精湛的唐代服装、品目繁多的元代服装、等级严明的清代服装以及品种齐全、绚丽多彩的现代服装等。

三、未来的服装

　　随着社会的进步和科学技术的发展，出现了不少现代多功能及高科技的奇妙服装，以满足人们的生活和工作需要。属于多功能服装的有变色、发光、晴雨两用、寒暑两用、超级防寒、自调厚薄、驱除蚊蝇的服装等；属于保健服装的有减肥、能呼吸、催眠睡衣、抗菌、按摩、耐脏、防臭、自行消毒、专治打呼噜、能诊断癌症、电疗、中草药保健、防治冠心病、中药透热服装等；属于高科技的服装有不用线缝制的服装、喷丝直接成衣与水可融、可以吃的服装等；属于奇妙功能的服装有工作救生两用、不怕电击、防火耐热的安全服等。这些服装的出现说明了现代的服装正在向多功能、高科技方向发展，日新月异，绚丽多彩。服装的发展趋势是不求名贵，但求方便，更求舒适，越来越薄的绿色服装。

四、课程知识

服装裁剪与缝制是一个创新和实践的过程，有乐趣又充满挑战。本专业主要介绍服装裁剪与缝制的基本知识，讲述服装的美学原理，通过对服装的造型、制图、裁剪与缝制等方面内容的讲解，使大家对服装裁剪与缝制有所认识。主要学习内容有：服装平面制图基础知识、衣服的分类与人体测量、服装裁剪基础知识、服装缝制基础知识、女装裁剪与缝制、男装裁剪与缝制等知识，为裁剪、缝制操作奠定必要的理论基础。

五、专业前景

服装工业是我国的优势工业，有很好的发展前景。纺织服装企业的巨大需求，需要大量的服装专业人才。在就业方面，在南方地区的就业率基本在90%以上。因此，学好知识，既可以直接升入高职高专继续深造，成为专业服装设计师；也可以通过参加人力资源和社会保障部专项职业能力考核，取得相关的职业等级证书，进入服装企业，从事裁剪、车工岗位工作，还可以拓宽就业门路，进行自主创业。

基础知识

任务一　服装平面制图基础

服装平面制图是现代服装设计中的重要组成部分。它能使立体的造型设计转化为平面的衣片结构，也能为服装缝制工艺提供成套的样板和实物。

一、服装制图的要求

1. 尺寸的计算

按公式计算的尺寸主要用于衣身结构的各部位，如胸围、腰围、臀围、袖窿、领窝、袖口、裤口等。

2. 结构制图的准、全

（1）"准"包括规格准、款式准、组合准、标记准。

规格准——所画的衣片及零部件长短大小规格准确。

款式准——所画的裁剪图与原定款式相符，各部位的造型结构准确（如领、袖、袋及各种结构缝等）。

组合准——各部位组合应按工艺要求组合准确（如衣领与领圈、衣袖与袖窿、侧缝与侧缝）。

标记准——各部位的定位标记必须点准，不能多点、漏点及错点。

（2）"全"是指裁片和零部件要画全，不能遗漏，眼刀、钻眼和定位标记也必须画全。

3. 线条画法

画线顺直、画线清晰、画线手势准确、画线顺序正确。

二、服装制图的工具

常用工具：各种尺、曲线板、量角器及铅笔、橡皮、擦图片等。

三、服装制图术语及制图代码

常用制图术语

名称	含义
轮廓线	服装裁片及零部件外部轮廓的制图线条
结构线	服装各部位之间关系的制图线条
基础线	结构制图时首先画出的水平方向和垂直方向的直线

续表

名称	含义
净样	服装裁片的实际尺寸，不包括缝份、贴边等
毛样	服装裁片的尺寸，包括缝份、贴边等
省（省缝）	为使服装适合人体体型曲线，在衣片上缝去的部分
裥（褶裥）	为使服装适合人体体型曲线，在衣片上折叠的部分
过肩	男女上衣肩背部分割拼接的部位
袖头	袖子下端收紧拼接部位

常用制图代码

代号	部位	代号	部位
B	胸围	BP	乳点
W	腰围	N	领围
H	臀围	P	裤长
BL	胸围线	L	身高
WL	腰围线	S	肩宽
HL	臀围线		

四、课后拓展

实训：熟记并默写常用术语及代号。

任务二　人体测量与服装的关系

一、人体测量的意义与基准点

1. 意义

人体测量是进行服装结构制图的前提，是服装设计和生产中的一项重要环节。"量体裁衣"就是要通过人体测量，掌握人体有关部位的具体数据后再进行结构分解，这样可以保证各部位设计的尺寸有可靠的依据，也只有这样才能使得设计出的内衣适合人体的体型特征，穿着舒适、外形美观。

2. 基准点

为了便于测量，在人体表面确定一些基准点作为测量时的参照。

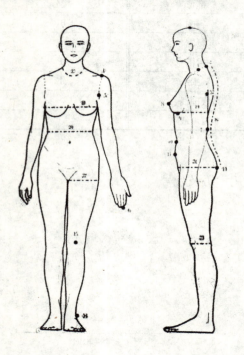

3. 基准点选择

基准点一般选在人体外表明显、稳定、易测的位置上，其准点的名称、位置及用途如下：

	名称	位置	定位部件
前面	头顶点	直立静止时头部最高的位置	身高
	前领点	位于左右锁骨中心，颈根部凹陷的地方	领口
	肩领点	颈根部侧面宽度的中心稍偏后的位置上	肩线
	肩端点	肩胛骨峰缘部最向外突出点	肩宽、袖长
	前腋点	手臂下垂时臂根与胸部交界点	胸宽
	乳点	胸部最高处	胸围
	前腰节点	胸围线与前中心线的交点	前腰节

续表

名称		位置	定位部件
后面	后领点	颈后第七颈椎突出点	背长与衣长
	后腋点	与前腋点相同，手臂下垂对臂根与背部交界点	背宽
	后腰节点	腰围线与后中心线的交点	后腰节
	肘点	肘关节的突出点	袖子
	手腕点	手腕部小拇指一侧突起点	袖长
	踝骨点	踝关节向外侧突出点	裤长

二、测量部位与方法

这里介绍的测量方法用于测量人体的基本尺寸（净尺寸）。为了测量的准确性，被测量者要穿内衣或衬衫测量。

1. 人体测量部位

人体测量如下图所示：

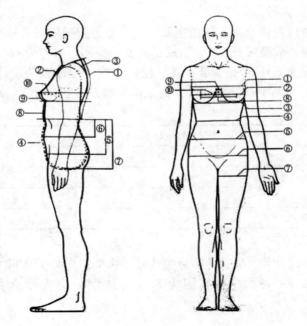

2. 测量方法

测量方法如下表所示：

测量部位		测量方法
围度	颈根	围绕颈根部并通过后领点、前领点、颈肩点围量
	胸围	胸部最丰满处水平围量一周
	腰围	腰部最细处水平围量一周
	臀围	臀部最丰满处水平围量一周
	臂围	臂根处水平围量一周
	腕围	沿手腕最细处围量一周

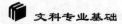

续表

测量部位		测量方法
长度	背长	从后领点沿背部向下量至腰部最细处
	衣长	从后领点沿背部向下量至衣服所需的长度
	袖长	从肩端点沿手臂向下量至所需的长度
	上裆长	从腰部最细处量至臀沟（大腿根）部，或被量者取坐姿，从腰节线量至凳面
	裤长	从腰部最细处向下量至所需的长度
宽度	肩宽	从左肩端点沿背部量至右肩端点
	胸宽	前胸两腋点间的长度
	背宽	后背两腋点间的长度

3. 注意事项

当测量没有把握或不能直接测量时，可选用服装规格作为参考。

以女装规格为例，女装规格分五档，S 表示小号，M 表示中号，ML 表示中大号，L 表示大号，XL 表示特大号。

服装号型系列是以我国正常人体的主要部位尺寸为依据。服装号型系列的人体尺寸是净体尺寸，不是服装的成品规格。"号"是指高度、身高，单位为 cm；"型"指围度，包括胸围、腰围、单位为 cm。号是服装设计长度的依据，型是服装设计围度的依据。人体体现类别也属于"型"的范畴，以胸腰差为依据可将人体划分成 Y、A、B、C 四种体型。

体型分类	男子胸腰落差（cm）	女子胸腰落差（cm）
Y	22 ~ 17	24 ~ 19
A	16 ~ 12	18 ~ 14
B	11 ~ 7	13 ~ 9
C	6 ~ 2	8 ~ 4

号与型之间用斜线分开，后接体型分类代号。例如，男装 170/88A，其中 170 表示身高为 170cm 的人体，88 表示净体胸围为 88cm，体型分类代号 A 则表示胸腰落差在 16 ~ 12cm。

三、课后拓展

（1）思考：人体测量部位有哪些？测量人体长度、围度时应注意哪些要点？

（2）实训：分成 2 人一小组，相互给对方测量身体各部位尺寸，做好记录，作为以后实践的依据。

任务三　裙类结构制图

　　裙子是人体腰节以下穿着的服装，款式变化突出，表现形式多样，是很受欢迎的品种。造型上，裙子是通过各个围度的松紧变化与不同长度对比变化构成不同的外观形态。在结构上，有旗袍、西装裙这类由前后两片构成的裙子，也有三片、四片、六片、八片等多片裙。还有复杂工艺手法制成的多褶裙、百褶裙等类型。

一、腰围与裙腰的关系

　　裙子的腰位是以正常腰围线位置为准的上下移动。它的变化一般分为低腰、齐腰、一般裙腰、宽腰、高腰五种类型。

二、臀部与臀围的关系

　　臀部是人体下部明显隆起的部位。臀围取自臀峰与胯骨之间的水平围度，并按人体需要另加放松量，一般为 4~6 厘米，也可以根据不同款式、造型酌量加放。就裙子造型而言，臀围是"微变因素"。

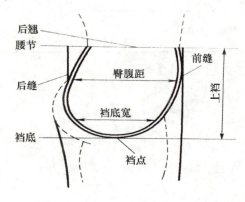

三、裙摆、裙长、臀围与人体下肢的关系

裙摆的变化是设计裙子结构的重要因素，它的宽度和形式要适应人体步行、跑跳等下肢运动的范围和幅度。

裙摆的大小还受到裙长和收省两个因素的影响，裙摆越大，腰臀之间余量处理的意义就越小，裙摆受收省制约也就减少。

裙子造型变化的最大部位是臀围至摆围这段长度，裙摆越小，裙子的臀围越小则裙长宜短不宜长；裙摆越大，裙子的长度越长。

四、裙子制图的线条名称

裙子制图的线条名称见下图。

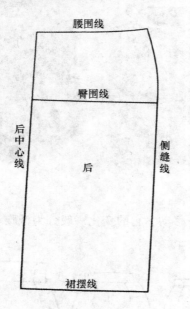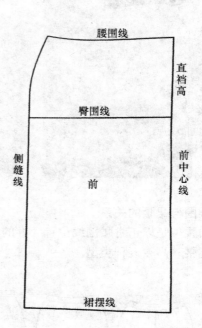

五、常用公式

裙子结构制图的常用公式如下表所示：

单位：cm

部位	公式	部位	公式
①腰围	$\frac{1}{4}$腰围±调整数	③裙长	裙长-腰头宽
②臀围	$\frac{1}{4}$臀围±调整数	④直裆高	$\frac{1}{10}$号+6 或 $\frac{1}{6}$臀围

六、裙子的开格格式

（一）开格顺序

（1）画基础垂直线（裙长）。

（2）画上平线（裙摆线）。

（3）以裙子长度距离从上平线画出与上平线平行的下平线（裙摆线）。

（4）从上平线往下定出 $\dfrac{H}{6}$ 距离，画出与上平线平行的臀围线。

（5）从臀围线与前中心线的交点量出 $\dfrac{H}{4}$ ± 调整数的距离，画出与裙长垂直线平行的直线。

（6）从上平线与前中心线交点画出 $\dfrac{W}{4}$ ± 调整数的距离，定出腰的位置。

（二）开格格式例图

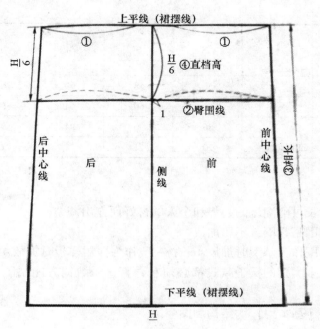

七、课后拓展

（1）思考与讨论：搜集几件不同款式的裙子，观察造型、样式等方面有什么不同。

（2）实训练习：熟练画出裙子的开格格式。

任务四 西裙的结构制图

直筒西裙是裙子的基本型，在它的基础上能变化出很多裙款，所以应熟练掌握西裙的制图方法。

一、西裙样单

单位：cm

规格 部位	号型	XS	S	M	L	XL
裙长		56	58	60	62	64
裙腰		56	60	64	68	72
臀围		86	90	94	98	102
臀直（腰围线与臀围线间的距离）		20	21	22	23	24

二、量裁说明

（1）裙长。裙长可随潮流的趋势和个人的喜好而作出调整。

（2）腰围。腰围是紧围，不用加放。

（3）臀围。臀围作为基型时加放4cm；一般作为西裙样板时加放4~8cm。

（4）臀围。很多类别的裙子款式都必须有臀直这个数据方能制图，一般正常体的数值是20~24cm。

三、直筒西裙（基本型）的结构制图

（一）款式图

1. 设计要求

女西裙一般装全腰头，后中开拉链门襟，前腰口左右各两个折褶，后腰口左右各两个折褶，后中设计一个开衩。腰部至臀部造型应该比较贴体，臀部至裙摆的宽度应上下一

致，呈直筒型。裙料可选择毛涤纶、花呢、涤卡和平纹呢等。

2. 制作说明

（1）女西裙需要增加一些功能性设计，即开口、开衩的设计，其位置可根据款式结构需要，设置在前、后、侧面。开口的长度以穿脱方便为宜，开衩的长度以行走自如为宜，也可以依据款式变化自行设计其长短。

（2）需要根据选用的面料的质地、厚薄来确定加放量，质地松或较厚织物的放松量要适当增大。

（二）直筒西裙（基本型）的制图公式

单位：cm

部位	公式	部位	公式
裙长	裙长 − 2.5	前腰围宽	$\frac{1}{4}$腰围 + 0.5
半裙摆	$\frac{1}{2}$臀围	后腰围宽	$\frac{1}{4}$腰围 + 0.5

（三）结构制图

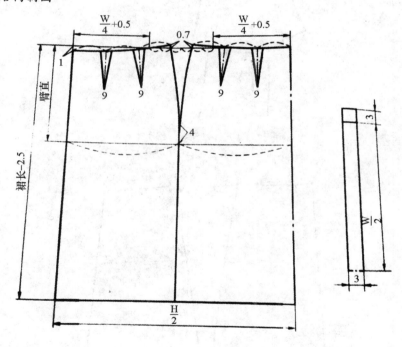

四、课后拓展

实训：参考个人的净尺寸，自己设计资料表格，进行西裙（基本型）的结构制图。

任务五　实训操作（任选一或二）

　　一、收集 A 字形的裙子或图片，在直筒西裙（基本型）开格格式的基础上，尝试独立完成 A 字形西裙结构制图

　　（1）准备：收集实物或图片，参考西裙尺寸资料或个人尺寸制出制图尺寸表。

A 字形西裙款式图：

　　A 字形裙子的开格格式图：

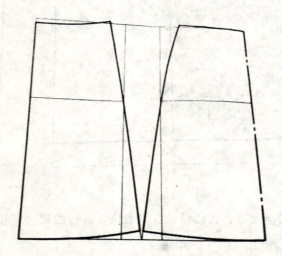

　　（2）要求：制图要"准"，线条要顺直、清晰，按画线顺序独立完成结构制图。

　　二、根据所给的图片款式图，任选一款，尝试画出其结构制图

　　（1）准备：款式图。

(a)   (b)   (c)   (d)

（2）要求：在西裙开格格式上画出所选裙子的结构制图，制图要"准"，线条要顺直、清晰，按画线顺序独立完成结构制图。

基础技能

一、手缝工艺意义

服装手缝工艺即称手针活，是服装工艺中的一项基本功，特别是高级定制时装中不可或缺的工艺技术。手缝工艺源于服装工艺，又高于服装工艺。手缝工艺是传统的、主要的缝纫工艺技法之一。工具简单，缝制灵活、方便、随意，并能做出各种复杂和精细的针迹。有一些手针的针法，比缝纫机缝纫还要坚实，有的针法可把针迹缝在两层衣料的中间，正、反两面都不露针迹。手针还能做锁眼、钉纽、扎驳头、打套结等。尤其在加工缝制高档服装时，有些工艺必须由手工缝纫来完成。它代替目前缝纫机尚不能完成的技能。

二、手缝工艺的常用工具

针线、顶针、线剪

直尺

软尺

插针包

画粉

缝纫线

三、捏针穿线的基本方法

1. 顶针的用法

顶针是手缝工艺中不可缺少的必要工具。手缝时要戴顶针，顶针一般戴在右手中指的第一关节为宜，戴顶针既能起到协助扎针、运针的作用，也能起到保护手指在缝纫中免受刺伤的作用。

2. 捏针姿势

捏针时，右手拇指与食指捏住针的上段，小指起挑线作用，运针时针尖部位不宜露出过长，将顶针抵住针尾，用微力使手缝针顺利穿过衣料，做到下针要准，拉线要快，到头要轻。这样既准确又迅速，缝出来的衣片也漂亮。

3. 穿线的方法

左手的拇指和食指捏针，右手的拇指和食指捏线，线头伸出 2~2.5cm。在穿线前，一定要将线头捻光、捻细、捻尖，以便于顺利穿过针孔，线过针孔迅速拉出线头，然后趁势打结。看似很简单的动作也需要初学者眼明、心细，否则会影响穿针引线的速度。

4. 打结

手缝前为了使缝线不拔出，在线的端部打一个起针结。缝完后，线这样任意放置会散掉，所以，缝线后要打止针结，防止缝线散开。

（1）起针结。线在食指上绕一圈，食指跟拇指捻一下，使线端穿过线圈，将线头转入圈内，拉紧线圈即可。将线结尽量少露线头，大小以不会从衣料空隙中漏出为宜。

（2）止线结。左手拇指和食指在离开止针约3cm，把线捏住，用右手将针套进缝线圈内抽出针，把线圈打到止针处，左手按住线圈，右手拉紧线圈，使结下好扣紧在布面上，以免缝线松动。

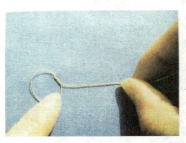

小窍门：

由于有些缝纫线的捻度较大，手缝时会产生拧绞打结现象。将穿好针的缝纫线顺其捻向捻几下或熨烫一下，这样在手缝过程中线就不容易拧绞打结。

你可能看到过年长的老奶奶戴着老花镜，坐在家门口缝补衣物时，有时会拿着手缝针在头上划几下，为什么？因为手缝针通过头皮的油脂在缝补过程中能起到协助扎针、运针的作用，不妨试一下。

四、基本手缝针法

（一）平缝针

平缝针是最常用的手缝针法，也是其他各种手缝针法的基础。左手拿面，右手拿针，一上一下由右向左刺入布 0.3～0.5cm，利用顶针帮助手缝针顺向、等距向前运针，反复缝刺 3～4 个回合后，将针拔出。如此循环往复，达到手法敏捷、针迹均匀整齐、平服美观的要求。

此针法多用于缝袖山头"吃势"、抽细裥、圆袋角抽缩等处。

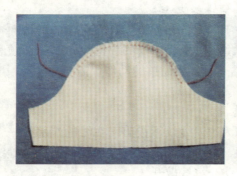 

（二）勾针

1. 顺勾针

自右向左前进。起针向右后退 0.5cm，再向前进 1cm。如此循环往复，要掌握好入针与出针的位置。这种针法前后衔接，粗看起来与机缝相似，保证针脚顺直，针距均匀。

2. 倒勾针

由左向右后退。手针向前缝 0.5cm，再向后退缝 1cm。如此循环往复，这种针法多用在斜丝的部位，防止衣片拉长，能起到归拢的作用。运针时适当拉紧缝线，厚料用双线，薄料用单线。

此针法主要用于前、后袖窿弧线，领口弧线，裤后裆缝等部位。

（三）缲针

1. 明缲针

由右向左，由里向外缲。起针时从上层出针，向前 0.5cm 的距离，挑起下层面料的一根布丝，针迹成斜扁形。为使服装缲好后正面不容易看清线迹，要注意缝纫线与衣料的颜色相近似。

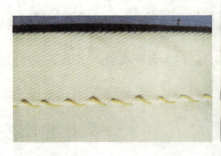

2. 暗缲针

自右向左方向，由内向外竖直缲，而且缝线隐藏在贴边的夹层中间，每针间隔 0.5cm。要求大身面料与贴边平服，顺直，松紧适宜，线距均匀，产品正面不露线迹。

此针法常用于缲缝各种贴边、滚条和里子的缝合部位。

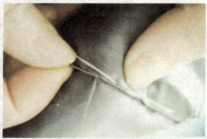

（四）三角针

由左向右倒退运针，绷三角前把贴边和衣料用长针绷牢。第一针起针，要把线结藏在折边里，再在上针缝住衣料的一根布丝，然后在下面折边缝一针，线与线的间距为 0.5 ～ 0.7cm，针脚呈斜状的，即形成一个个三角形。要求折边平服、顺直，缝线不能拉得太紧，以防起皱，三角呈"V"字形，大小相等，达到坚固、美观的效果。正面不露针迹，反面针迹要求整齐、均匀。

三角针法是衣片折边口的一种常用的针法，适用于各种衣服，多用于裤和裙折边处的缝合。

五、巩固练习

目的和要求：

将若干块坯布料用手缝基本针法缝合成。在拼布中，掌握基本针法，提高手缝操作的熟练程度。

工具和材料：

坯布料若干、6 号针、线、顶针等。

方法和步骤：

将坯布料裁成长 30cm、宽 8cm 的长方形若干，完成集平缝针、回针、缲针、三角针在一起的手工练习针法，要求拼合后坯布料呈长方块，长短、宽窄一致。

温馨提示：

（1）穿好针的缝纫线不宜留得过长或过短，长了容易打结，短了中途接线影响美观，一般在 50cm 左右。

（2）坯布料可按丝修剪顺直。因为布料丝缕的正直、平服是做好练习产品的第一保障。

（3）坯布料本身没有正反面之分，经过平缝针缝合后的坯布料有了正反面之分，有缝份的为反面。练习时一定要考虑产品的正反面相一致。

锁眼、钉扣技能训练：

（1）将布对折剪开，扣眼的大小＝纽扣的直径＋纽扣的厚度。

（2）从扣眼尾端起针，线在衣片中间带出，使线结藏在衣片中。

（3）针从扣眼的"尾"端起，将针尾后的线绕过针的左下抽出针，朝右上方拉线一般成45度，要拉紧，拉整齐。

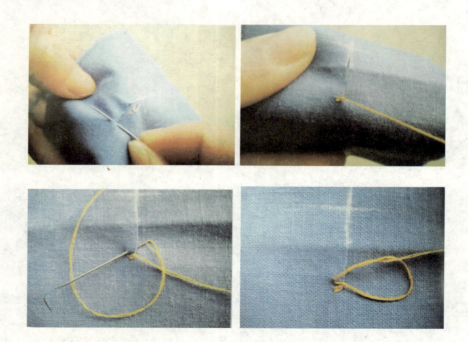

（4）每针距离0.15cm，以此循环。锁缝时针距宽窄一致，倾斜度一致。以保证扣眼缘锁花的美观。

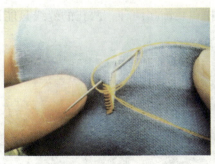

（5）锁到扣眼的圆头时，针脚要随圆心的方向不断变化，呈放射状的拉线要朝布面的右向方抽拉，拉力要均匀。

（6）锁到扣眼尾端时，把针穿过左面第一针锁线圈内，使尾端锁线连接并在尾端缝两针平行。

（7）从扣眼中间空隙处穿出，缝两针固定封线，在反面打结，并将线结留在衣片夹层内。

（8）把纽扣钉在纽位上，钉扣有钉实用扣和装饰扣两种，两孔的缝线只能钉一字形，四孔的可钉平行二字形、交叉×形和口字方形。

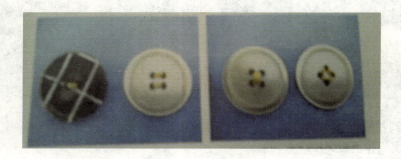

任务三　机缝工艺

　　机缝也叫车缝，泛指用缝纫机器来完成服装加工的过程。其特点是速度快，针脚整齐、美观。随着缝纫机械的不断发展，在现代服装生产中，机缝工艺已经成为整个服装生产的主要组成部分，本节以工业电动缝纫机为例介绍缝纫机缝纫的基本方法。

一、平缝机

　　电动平缝机的种类很多，此款式是目前比较先进的职业平缝机，自动剪线装置和快速穿线系统能极大地提高工作效率。

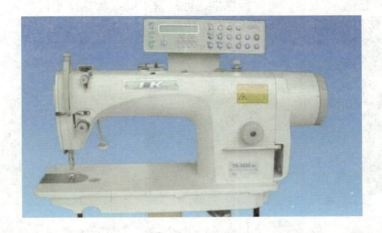

　　（1）工业梭壳。工业梭壳是工业缝纫机中不可缺少的机器零件。有家用工业梭壳和工业用工业梭壳两种，不能混用。

　　（2）工业梭芯。工业梭芯与工业梭壳配套，装在针板下面的梭床内。车缝时，将线绕在梭芯上用，有金属的梭芯和铝质的梭芯。

（3）工业机针。工业机针有多种规格，可根据不同织物选择不同的缝针型号。14 号工业机针是最常用的机针，机针号码越大，针身越粗。

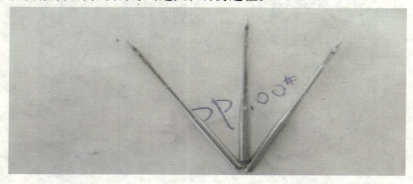

（4）镊子、锥子。镊子、锥子是产品制作的辅助工具，主要用于缝制过程中的拆、挑、送布等工艺，也可用来为服装裁片做标记。

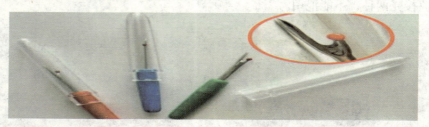

（5）拆线器。拆线器是一种带锋利刀刃的尖头小装置，能快速地拆除缝线，不容易损伤面料的纱线。

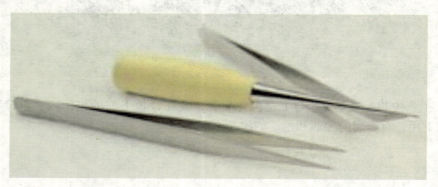

（6）旋具。旋具是用于缝纫机装针、调换压脚或者修理、调整机器的主要工具。

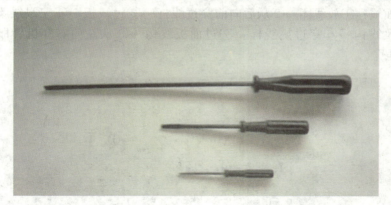

二、穿针引线

1. 机缝前的准备

（1）梭芯绕线：将线缠绕在梭芯上。

（2）装梭芯：置入梭壳套内，拉出线头。要顺时针安装梭芯。

（3）装梭壳：装入梭床，听到"咔嚓"声为好。

（4）穿面线：①放线团→②从后向前穿过线杆→③过线板→④三眼线钩→⑤向下绕过挑线簧和大线钩→⑥穿过挑线杆→⑦过面板线钩→⑧从左向右穿机针眼孔，并拉出10cm长的线段。

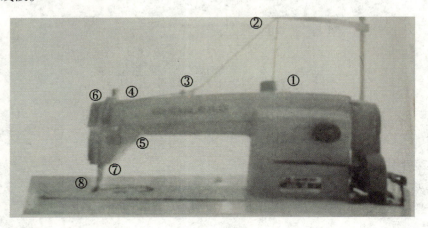

（5）引底线：转动皮带，将底线勾出后上下线同时放在压脚下。

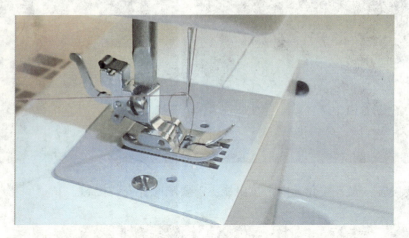

调节针迹

（6）调节针迹：打开电源，在碎布上试针迹。调整时，一般先用小号旋具，微调好梭壳的梭皮螺钉，使底线拉出时不松不紧；面线则可旋紧或旋松面板上夹线器的螺母，根据底线加以调节，边试边查看底、面线配合情况。使面线和底线的张力平衡，进而使底线、面线交接点在缝料中间，松紧适中。

（7）调节针距：高节方法是机缝前必须先将针距调节好。针距大小的调节由调节装置控制，往左旋针距长，往右旋转针距短（密）。缝纫时，针距要求适当。针距太大，缝纫牢度不够；针距太小，刺伤纤维过多，影响牢度。在一般情况下，缝料越厚针距越大。

2. 机缝的操作要领

（1）机缝的手势：机缝时下层衣片受到送布牙的直接推送走得较快，而上层衣片受到压脚的阻力，往往容易产生上层较长，下层短或缝合的衣片有松紧皱缩现象。所以，缝合上、下层时就要注意手势，左手向前稍推送衣片，右手把下层稍拉紧，也可借助镊子或锥子来控制松紧。这样才能使上下衣片松紧保持一致，不起链形。

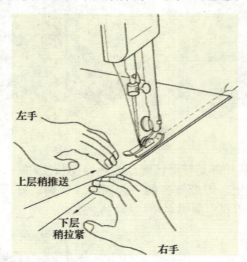

左手

上层稍推送

下层
稍拉紧

右手

（2）回针：机缝时根据需要可绗回针。左手按住面料，右手按回针杆，确认成逆转之后，很快放开右手，回复成顺缝之后，再继续缝纫，一般回 3～4 针，不宜太长，要求回针处不能出现双线。

任务四　服装裁剪工艺

　　裁剪的任务是把整匹服装面料按所要投产的服装样板切割成不同形状的裁片，以供下道工序缝制成衣。裁剪工序一般要经过验布、排料、画样、铺料、剪切、验片、打号、黏合、分包捆扎等工艺过程，其中重点工艺是排料、画样、铺料和剪料。

　　裁剪的工艺流程：验布→排料、画样→铺料→剪切→验片、打号→分包、捆扎。

1. 验布

　　为确保所投产的面料质量符合成衣生产的要求，服装厂通常要对购进的面料进行检验，对不符合服装生产要求的疵点，做出标记。有效地防止有疵点的面料流入下道生产工序。

2. 排料、画样

　　按照样板的丝缕要求及允许偏差程度，科学、合理地把衣片样板直接画在原料上或纸上，画准、画清晰。其目的在于节省面料，提高面料利用率，降低成本。

验布机

3. 铺料

　　铺料俗称"拉布"。其任务是按照已确认的画样图长度和裁剪方案所确定的层数，将面料一层层地平铺到裁床上，形成整齐的一叠面料。铺料的好坏除关系到裁剪车间的产量、质量以外，还会影响用料定额等多项指标的完成。

4. 剪切

（1）剪切设备。

直刃型电动裁剪刀

DCQ系列带刀裁剪

（2）剪切。采用裁剪专用的工具，按划样图中的衣片轮廓线在同一时间内一次裁出一叠相同的衣片。剪切必须认真、细致，稍有差错就会造成重大损失。同时，开裁前必须对划样、铺料等上道工序的操作进行检查核对，发现问题立即改正。

5. 验片、打号

验片是对裁片的质量进行检验，目的是为了能及时发现裁片的质量问题和面料表面的疵点，以便修正和调整。另外，为防止缝制时出现混号的现象，以及各匹面料之间或同匹面料之间色差对服装成品的影响，需要对衣片进行打号，以确保同层、同规格衣片的缝合。

6. 分包、捆扎

分包是指按裁剪生产工艺单规定的型号、色号、规格要求，将组成产品的全部部件和零部件包扎在一起，以便于生产。分包时大片放在外面，零部件裹在里面，每包裁片扎好后，在包外吊上标签，注明包号。

任务五　排料

一、排料的方法

1. 折叠排料法

折叠排料就是和合排料，指排料时将衣料对折，正面与正面相叠，画样画在衣料的反面的一种排料方法。其优点是省时省料，不会出现裁片"同顺"的错误，多用于单件裁剪。有方向性排料和非方向性排料两种。

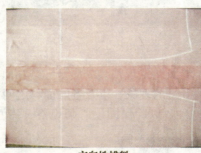 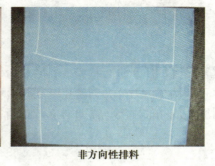

方向性排料　　　　　　　　　　　　**非方向性排料**

2. 单层排料法

单层排料法是指衣料全部以平面展开来进行画样、排料的一种方法。是目前工厂大批量生产常用的排料方法，其优点是大大提高了面料利用率和生产效率。

 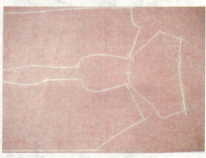

斜对斜　　　　　　　　　　　　　　**凸对凹**

二、排料的工艺要求

排料工序是整个服装制作过程中的重要组成部分，是一项精密、细致的工作。排料技能的高低对原料的利用率起着决定性的作用。所以，排料时应注意以下几点：

（一）衣片的对称性

在制作样板时，对称衣片通常只绘制一片样板。排料时要注意正、反各排一次，令裁出的衣片为一左一右的对称衣片。排料时，将样板排成"一顺儿"，则裁出的衣片无法制作成衣（除非面料没有正反面）。

（二）面料的方向性

1. 面料的经、纬向

服装原料大都由经、纬纱线交织而成。在整匹原料中长度方向称为经向（纵向），宽度方向称为纬向（横向），成 45 度倾斜的称为斜向，在行业中俗称直丝绺、横丝绺、斜丝绺等。

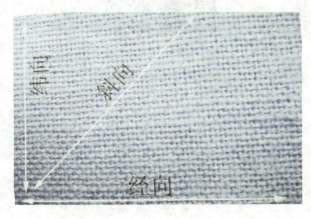

2. 面料的倒顺

方向性图案：以图案正立为顺向。有些面料上的图案有方向性，如花草、树木、动物、建筑物、文字等。

条格面料：有的条格面料具有方向性，如顺风条、鸳鸯花格等面料，其条格排列及布局有方向性。

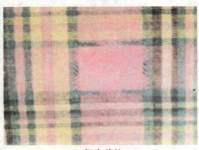

顺风条　　　　　　　　　　鸳鸯花格

灯芯绒、皮毛面料：沿经纱方向毛绒的排列具有方向性，即所谓的"倒顺毛"，当从不同角度观看这类面料时，其色泽及光亮程度不同，而且不同方向的手感也不一样。

灯芯绒　　　　　　　　　　　　　　　皮毛

以上面料一定要保证排出的各衣片方向一致。

任务六　认识服装熨烫工艺

熨烫工艺是服装工艺中的重要组成部分，常用"三分车工，七分烫工"强调熨烫工艺的重要性，它贯穿服装工艺的始终，裁剪前的面料缩水烫平，缝纫前的推、归、拔，塑造服装造型，缝纫中的边熨烫、边缝纫以及缝纫完成后的整烫。服装是立体结构，要将平面的布料变成立体的服装，首先要将布料按服装结构进行分割，其次在衣片上采用收省或打折裥的方法缝合，最后就是利用熨烫定型来弥补裁剪时的不足。

一、常用的熨烫工具

1. 调温电熨斗

调温电熨斗是家用熨烫的主要工具，有自动调温、控温和喷水雾等功能，使用极为方便。功率一般有300W、500W、700W三种，主要用于零部件的熨烫。

2. 蒸汽吊瓶电熨斗

蒸汽吊瓶电熨斗是工业熨烫的工具，利用吊挂小瓶，将水通入电热蒸汽熨斗内，加热汽化后喷出。蒸汽吊瓶电熨斗的功率一般不低于1000W，适用于成品整烫和呢料织物的归、拔。

调温电熨斗

蒸汽吊瓶电熨斗

3. 烫台

常用的烫台有抽气烫台和简易烫台。工业上用抽气烫台，可以把衣服中的蒸气抽掉，使熨烫后的部件或衣服快速定型、干燥。

4. 铁凳

铁制的熨烫辅助工具。一般采用铸铁制作，上层板面铺少许棉花，外层包布。较多用于毛呢服装的熨烫，如袖窿、肩缝、裤裆等不能放平熨烫的部位。

5. 布馒头

布馒头是一种熨烫辅助工具的俗称，用布包木屑做成。用于熨烫服装的胸部、背部和臂部等丰满之处，使胖势丰满而不走样。是一种造型工具，有大小数种。

烫台

铁凳

布馒头

6. 长烫凳

长烫凳的上层板面铺少许棉花，中间稍厚，四周略薄，用棉布包紧。用于熨烫已缝制成圆筒的缝子，如裤子侧缝、袖缝等。

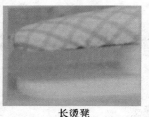

长烫凳

二、熨烫分类

熨烫按服装工艺流程分为：

1. 产前熨烫

产前熨烫是在裁剪之前对服装的面里料进行预处理，以使服装面里料获得一定的热缩并去掉皱折，以保证裁剪衣片的质量。

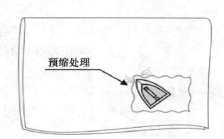

预缩处理

2. 黏合熨烫

黏合熨烫是对需用黏合衬的衣片进行黏合处理，使缝制的服装挺括、不变形。

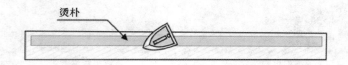

烫朴

3. 中间熨烫

中间熨烫又称小烫。包括部件熨烫、分缝熨烫和归拢熨烫等，一般在缝纫工序之间进行。中间熨烫虽然介于缝纫工序之间，是在服装的某一个部位进行的，但它是构成服装总体造型的关键，对于服装的质量起着重要的作用。

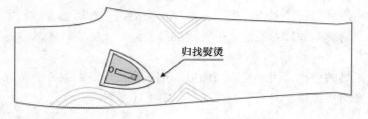

归找熨烫

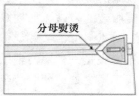

分母熨烫

4. 成品熨烫

成品熨烫又称整烫或大烫，是对缝制完成的服装做最后的定型和保型处理，并兼有成品检验和整理的功能。整烫时将缝好的衣服放在依据人体各部位的形状合理设计的各个烫模式平台上，然后对其施加合适的温度、湿度、压力，待去湿冷却后，服装的形状就被固定下来了。成品熨烫质量的好坏，会直接反映到成品上，它的技术要求是使服装线条流畅，外形丰满，平服合体，不易变形，有较好的服用效果。

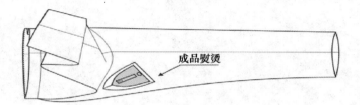

成品熨烫

三、熨烫按所采用的作业方式

1. 手工熨烫

以电熨斗为主要工具，通过电熨斗使织物受热，再配合以归、拔、推等一系列工艺技巧而达到塑造服装立体造型的目的。

2. 机械熨烫

机械熨烫是利用蒸汽熨烫机喷出的高温高压蒸汽对织物加热给湿使纺织纤维变软可塑，然后对衣料施加压力而使其变形，抽湿冷却，以达到定型的目的。由于高温蒸汽可均匀地渗透到织物内部，因此能获得极佳的熨烫效果。

四、熨烫工艺要点

（1）对于一般棉质衣料可以边喷水、边熨烫。

（2）丝绸织物可在反面熨烫；呢料织物应盖水布熨烫。

（3）各类化纤织物在熨烫时可在上面覆盖干布。

对有些新型的化纤品种，可用些边角料先试烫一下，然后再决定温度。在熨烫时，熨斗应经常在衣料上移动，不要停留时间过久，但也不要无规则地推为推去，这样不但达不到熨烫的效果，还会破坏衣料的经纬上绺。在熨烫时要能双手熟练配合，左手要配合熨斗的走向，帮助拉动衣料或理齐衣缝。按不同的衣料质地及服装的不同部位，分别运用轻、重、快、慢、推进、拉出等各种熨烫方法。

实战操练：

1. 手缝工艺实训

（1）用多层面料练针 10 行。

（2）完成每种针法练习各一份。

（3）要求自制一个针插，大小、形状根据自己的喜好设计制作完成。

2. 工艺实训

（1）完成上针、安装面线、底线、穿线等过程。

（2）到服装厂参观学习。

3. 熨烫工艺实训

（1）练习熨烫自己准备的服装。

（2）练习电熨斗的使用以及推、归、拔的方法。

第四单元

高星级饭店运营与管理专业

认识专业

一、概述

酒店是指那些为顾客提供的产品与服务符合充分利用资源、保护生态环境要求和对人体无害的酒店。

二、专业特点

1. 行业容量大

作为全球十大热门行业之一，酒店管理专业在国际上一直属于就业热点。

随着越来越多的国际大型活动在中国举行，中国对酒店管理专才的需求也日益增大。近几年，来自全球各个知名品牌的酒店集团纷纷瞄准了中国市场，并大力投资和加盟，导致行业内的高级专业人才形成了供不应求的局势。据国家旅游局统计，世界上每一分钟都有一个旅游酒店业的职位产生。

2. 中高级人才匮乏

从行业特性来看，酒店业尤其需要专业度高、综合能力强的中高级人才。

3. 重视资历和持续发展

酒店管理行业不是一些家长认为的"吃青春饭"的行业，而是可以终身为之服务的行业。因为随着资历的增加，与人打交道的经验就越丰富，处理事情的能力也就越强。

4. 较高的薪酬和福利待遇

根据中国饭店协会最新发布的《中国饭店业职业经理人2007年度薪酬报告》显示，

2007 年度全国饭店业职业经理人的平均年薪为 15.13 万元。就五星饭店而言，北京、上海、广州、深圳、苏州五地的饭店总经理平均年薪均已超过 22 万元。另外，酒店业也为从业者提供了体面的工作环境、衣食住方面的多重隐性福利，这是其他行业工作者所没有的。

三、培养目标

培养具有良好的职业道德，德智体美劳全面发展和有较全面的专业知识与职业技术能力，熟悉旅游服务、酒店服务及其管理工作，能胜任旅游行业、酒店行业的服务、接待、带团、市场拓展、管理等工作需要的中等应用型专业人才。

四、主要课程

现代酒店管理、酒店心理学、旅游学概论、饭店英语、前厅客房服务与管理、餐饮服务与管理、现代酒店营销、酒店财务管理、餐饮营销与会议服务、康乐服务与管理等。

五、职业资格证书

在校期间学生应获得以下职业资格证书：餐厅服务员中级工证书、前厅服务员、客房服务员、康乐服务员、调酒师、茶艺师、咖啡师等职业资格证书。

六、就业岗位

各大宾馆、饭店、酒家等的前厅、客房、餐饮、康乐、销售等工作岗位。

七、就业前景

酒店管理是全球十大热门行业之一，高级酒店管理人才在全球都是一直很紧缺的。根据世界旅游组织的统计，目前旅游业已经成为世界最大的产业，每年还以两位数的速度在增长。在国际人才市场上，酒店管理人才出现了供不应求的局面。因此酒店管理专业就业前景广阔，酒店管理人才需求有很大的缺口。从国内来的人大都有印象，我们所知道的国内酒店从业人员，以高薪阶层为多。酒店管理专业人才在中国十大百万年薪职业中排名第六。

在新形势下，中国酒店管理行业面临着人才荒，据国家统计资料显示，截至 2010 年，中国酒店管理职位空缺接近 200 万。2011 年，"用工荒"这个词频频出现在各大网站、电视台、报纸的新闻资讯里。作为第三产业的酒店行业，更是沦为用工荒的"重灾区"！2012 年春年过后，席卷酒店行业的用工荒依旧不依不饶地"闹"着，可谓"龙年第一雷"。在各类就业群体中，许多餐饮企业对餐饮服务类人员求才若渴，一些高端酒店甚至对服务员开出万元月薪。不少星级酒店的管理者都表示：解决酒店人才缺口已经迫在眉睫。

八、升学前景与案例

（一）升学

（1）黄美仙，2013 年毕业于田东职业技术学校酒店管理 4 班，并考取广西大学。

（2）区楚荣（贵港市人）、农秀媚（田东县人）、黄顺心（凌云县人），2014年毕业于田东职业技术学校百川酒店管理1班，并考取北京应用大学。

（二）就业

（1）黄艳清：2011年毕业于田东职业技术学校酒店管理1班，现工作于北京倪氏海泰集团国际大酒店。

（2）农燕群：2011年毕业于田东职业技术学校酒店管理1班，现担任东莞香格里拉大酒店餐饮部部长。

（3）韦美新：2011年毕业于田东职业技术学校酒店管理1班，现担任深圳长城大酒店迎宾部部长。

（4）叶强：2012年毕业于田东职业技术学校酒店管理2班，现担任北京倪氏海泰集团国际大酒店客房部经理。

基础知识

任务一　形体训练

一、概述

形体训练是一项优美、高雅的健身项目，主要通过舒展优美的舞蹈基础练习（以芭蕾为基础），结合经典、身韵、民间和各个民族的舞蹈进行综合训练，可塑造人们优美的体态，培养高雅的气质，纠正生活中不正确的姿态。可以说它是所有运动项目的基础。

形体训练是一个外来语，还未见到权威的定义。目前比较典型的意见有两种，即狭义和广义。

广义的形体训练认为，只要是有形体动作的训练就可以叫作形体训练，这样各式各样的动作都可以称为形体训练，甚至某些服务行业的程式化动作，如迎宾、端菜、送菜、礼仪姿势等，也被称为形体训练。

二、作用

1. 形体训练能改善神经系统和大脑功能

神经系统可分为中枢神经系统和周围神经系统两部分。中枢神经系统由脑与脊髓组成，而周围神经系统则是由脑和脊髓发出的神经纤维组成。整个神经系统是人体主要的机能调节系统，人体的各器官、系统的一切活动都是在神经系统的控制下进行的。通过神经系统的调节，人体对内外环境的变化产生相适应的反应，使内部与周围环境之间达到协调统一，从而使人体的生命活动得以正常进行。形体训练是外环境对机体的一种刺激，这种刺激具有连续、协调、速度、力量的特点，使肌体处于一种运动状态。这种状态下中枢神经将随时动员各器官及系统使之协调、配合肌体的工作。经常参加形体训练，就能使神经活动得到相应的提高。除此之外，形体训练还要求动作要迅速、准确，而迅速、准确的动作又要在大脑的指挥下来完成。形体训练时，脑和脊髓及周围神经要建立迅速而准确的应答式反应，而脑又要随时纠正错误动作，储存精细动作的信息。经过经常、反复不断的刺激，提高人的理解能力、思维能力和记忆能力，从而使大脑更加聪明。所以说，经常参加形体训练，可以加强肌体神经系统的功能和大脑的工作能力，使之更加健康和聪明。

2. 形体训练能提高心血管系统的功能

心血管系统即心脏与各类血管所组成的，并以心脏为动力的闭锁管道系统，也就是人们常说的血液循环系统。形体训练主要由运动系统即骨骼与肌肉运动参与完成。运动系统在进行工作时要消耗大量的氧气、养料（又要排泄大量的废物），在消耗的同时又要不断地补充供给大量的新鲜氧气及养料，与此同时还要排泄大量的废物。这一繁重的任务，只有依靠体内闭锁的管道系统——心血管（循环）系统来完成。

人体在处于安静状态时，平均心率为 75 次/分，而心脏的每搏血液输出量为 50 ~ 70 毫升，每分钟输出量约为 4.5 升。在强烈的肌肉运动时，可以达到安静时的 5 ~ 7 倍，这就势必使心肌处于激烈收缩的状态。经常的刺激会使心肌纤维增粗，心房、心室壁增厚，心脏体积增大，血容量增多，从而增加了心脏的力量。由于心肌力量的增加，每搏射出的血量增多，心跳的次数相应减少，在平时较为安静的状态下，心脏能够得到较长时间的休息，从而减轻心脏的工作负担，使心脏永葆青春。

三、训练内容

基本站立姿势、手位脚位练习、脚步动作舞蹈组合练习以及把杆垫上一系列基本功练习。

主要练习人的基本姿势，即训练正确的立、坐、卧、走、跑及头面部的姿态和表现。

基本姿势正确与否，直接影响人各种运动行为的美。日常生活中，有些年轻人往往忽视形体训练，因此经常出现身体不正、弓背含胸、端肩缩脖、腿弯曲等不健康的体态。通过形体训练，从实际出发有针对性地练习一段时间，就会练就出一个健美的形体姿态。

任务二　礼仪知识

一、站立（基本要求：挺拔）

站立要头部保持端正、面带微笑、双目平视前方，嘴微闭、下巴往内放、颈部要梗、肩平、挺胸收腹、身正、腿直，两臂自然下垂在身体两侧或在体前交叉，右手放在左手上，以保持随时向客人提供服务的状态。双手不抱胸、不插袋、不叉腰。女子站立时，脚呈 V 字形（脚尖分开距离约为 50 度），双膝和脚后跟要靠紧，男子站立时双脚与肩同宽（脚跟分开距离限 8 厘米内），身体不可东倒西歪。双臂交叉在身后。站累时，脚可以向后站半步，将重心任意移到任何一脚，另一脚可松或移动一下位置，但上体仍保持正直。

二、坐姿（基本要求：姿态要端正）

入座要轻缓，不要赶步，以免给人以"抢座"感，走到座位前，自然转身，右脚向后撤半步，安稳坐下（女子入座时，若是裙装，应用手将裙向前拢一下，不要落座后再起来整理）。坐下后，头部要端正，面带微笑，双目平视，嘴唇微闭，下颌微收。双肩平正放松，挺胸、立腰、两臂自然弯曲，男士双手掌心垂直向下，自然放在膝上，两膝距离以一拳左右为宜；女子可将右手搭在左手上，轻放在腿面上，并将两脚并排自然摆放。也可以一手略握另一只手腕，置于身前。两腿自然弯曲，双膝并拢，双腿正放或侧放（男士坐时双腿可略分开）。双脚平落地上，可并拢也可交叠。女子坐在椅子上，只可坐满椅子的 2/3，脊背挺直。谈话时如需侧转身，上体与腿应同时转动，幅度不可过大。起来时，右脚应向后收半步而后站起，动作不要迅猛。坐在椅子或沙发上时，不要前俯后仰，更不要将脚放在椅子或沙发扶手上和茶几上。不跷二郎腿，尤其不要跷着二郎腿还上下踮脚晃腿，两手不要漫不经心地拍打扶手。

三、走姿（给人的感觉：愉悦）

行走时，上体要正直，身体重心略向前倾，头部要端正、颈要梗、双目平视前方、肩部放松、挺胸立腰，腹部略微上提，两臂自然前后摆动（摆动幅度为 35 厘米左右），双臂外开不要超过 30 度，走时步伐要轻稳、雄健，女子要行如和风。两脚行走线迹应是正对前方成直线，不要两脚尖向内形成"内八字"或是"外八字"，步幅均匀、步速不要过快，行进间不能将手插在口袋里，也不能扒肩搭背、拉手搂腰。不跑动，相对而行，应主动让道，尽量走右边；相向而行，不抢道；穿行时，宾客之间在地方狭小的通道、过道或楼梯间谈话时，不能从中间穿行，应先道一声"对不起，请让一下"，待对方挪动后再从侧面或背面通过。如果无意中碰撞了宾客，应主动表示道歉，说声"对不起"方可离开，行走时不要碰撞酒店的陈设或花木，超越客人时，要礼貌致歉，说声"对不起"；引领客人时，让客人、上级走在自己的右侧；三人同行时，中间为上宾；在人行道让女士走在内侧，以便使她们有安全感；与上级、宾客相遇时，要点头示礼致意。

四、蹲姿

酒店员工在取低处物品或拾起在地上的东西时，不能撅臀部、弯上身、低垂头，而应采用适当的蹲姿。正确的蹲姿：以一膝微屈为支撑点，将身体重心移此，另一腿屈膝，脚稍分开，站在东西旁边，将腰慢慢直下拿取物品，由于女员工多穿裙子，所以两腿要靠紧。

注意：①不要突然下蹲，速度切勿过快。②不要毫无遮掩，尤其是着裙装服务员。

③不要蹲着休息，对服务员来讲绝对不允许。④不要方位失当，在服务对象旁下蹲，最好与之侧身相向。⑤不要蹲在椅子上。⑥不能距人过近，要保持一定距离。

五、微笑

（1）纽约一家大酒店的人事主任曾经说过："要是一个女孩子经常发出可爱的微笑，那么，她就是小学程度我也乐聘用，要是一个哲学博士，老是摆个扑克牌的面孔，就是免费来我们酒店当服务员，我也不用。"

（2）1930年，在美国经济萧条严重的时期，希尔顿负债50亿美元。困难时希尔顿充满信心地对员工说："目前正值酒店靠债度日时期，我决定强渡难关，请各位记住，千万不可把愁云挂在脸上，无论客人本身遭遇的困难如何，希尔顿服务员的微笑永远属于客人的阳光。"（微笑征服客人）

（3）有个法国旅游代表团，由于飞机误点，直到下午1点才到达上海虹桥飞机场，饭也未来得及吃，加上旅途中的其他不顺利，全团就像一只快要爆炸的火药桶，大有一触即发之势。接待他们的是某酒店一位颇有经验的翻译人员，他意识到此时此地的任何解释都无济于事，首要的是行动，友善的微笑必不可少。因此他立即将客人送回酒店用餐，要求餐厅尽量把饭菜做得精美可口一些，让客人吃好，休息好，加上热情微笑服务，美味可口的菜点，才平静客人的情绪。（微笑使客人满意）

（4）有一个旅游团深夜到某酒店，由于事先联系不周，客房已告满，只好委屈睡在大厅的临时加铺，全团扬言要检查每个房间，看是否真的无房。此时此刻，西装革履的客房经理出现在他们前面，面对客人的责问，他微笑地耸着肩膀，表示无可奈何，爱莫能助。谁知这一笑更坏事，客人本来就住不到房间而满肚子气，又认为客房经理的笑是尖刻的讥笑，这批教养有素的客人竟愤怒地拍着桌子大声吼道："你再这样笑，我们就揍你。"（微笑要适宜）

（5）微笑是万能的吗？对微笑和效率，顾客更需要哪个？如果顾客看到微笑的服务员拿出金额不符的账单，他是否会想"一张笑脸的背后是什么"如果顾客等候结账的时间已经超过5分钟，他会对"对不起，请您稍等"的微笑满意吗？离开了效率的微笑，就已经失去了微笑的意义。

（6）微笑不仅是一种仪表，一种职业需要，更是员工对客户服务心理的外在体现，同时也是客人对饭店服务形象最直观的第一印象，笑意写在脸上，客人挂在心上，是一种服务品质。

要求：微笑要亲切自然，不做作，嘴角含笑，嘴唇似闭非闭，不露到半牙为止，遇到客人3秒内必须微笑，与客人目光相遇应微笑致意，回答客人问题也要面带微笑。

六、称呼礼仪

（1）一般习惯性称呼男性为"先生"，女性为"女士"；年龄大些的女士可称为"夫人"。

（2）姓氏职务称呼如"张书记"、"刘经理"。

七、致意礼仪

1. 点头礼

主要用于在同一场合已多次见面或者仅有一面之缘的朋友之间。路遇客人，一般可侧身止步让行，并点头微笑致意，这会使客人感觉到良好的服务态度和倍受尊重。

2. 注目礼

自然凝视对方，并随他们的行走而转移。不单独使用，而是与介绍、握手点头、举手等礼节同时使用，双目凝视对方眼鼻之间部位预示良好的社交气氛；双目凝视对方额头至两眼之间出现严肃社交气氛；双目横过对方眼睛及下巴以下部位形成亲密气氛。取立正姿势，双目注视受礼者，面带微笑，然后使身体上部向前倾斜，视线也随鞠躬自然下垂。鞠躬分 45 度、30 度、15 度三种，角度越大，表示越谦恭，职位越低，年龄越轻，鞠躬时间越长，鞠躬次数越多，幅度越大。酒店服务中多有 15 度、45 度为常用礼节。男服务员鞠躬时双手放在裤线的稍前方向；女服务员将两只手在身前轻轻搭在一起，面带微笑，动作不要太快，并自然说一些如"欢迎光临"、"再见"等。

一般来说，握手的基本规则是：上级在先，长辈在先，女士在先；而下级、晚辈、男士、客人应先问候，见对方伸出手后，再伸手与之握手，在上级、长辈面前不可先伸手。若一人与多人握手时，最有礼貌的顺序应该是：先上级、后下级，先长辈、后晚辈，先主人、后客人，先女士、后男士。若男女初次见面，女方可以不与男方伸手，互致点头礼即可；若接待来宾，不论男、女主人都要主动伸手表示欢迎，男主人也可对宾先伸手表示欢迎；若一方忽略了握手的先后次序，先伸出了手，对方应立即回握，在餐旅行业中，应以客人先伸手为准，服务人员不得先伸手与客人握手。多人同时握手时，要注意别人握完再握手，不可交叉握手。握手时不能戴手套（女士是允许的），男士之间握得较紧较久，但不能用力太大，男士与女士握得不宜太紧太久。在双手右手握住后，一般左手再搭在对方伸过来的右手上，此外，握手后切忌用手帕擦手。

3. 合十礼

朋友相见，双手合十，稍稍低头，互相问好，晚辈向长辈行礼，双手合十举过前额，长辈要回礼以表示接受对方的行礼，年纪大的或地位高的人还礼时双手可不过胸。行礼时双手举得越高表示越尊敬对方。

八、迎送礼仪

当宾客到达时，服务员应热情、主动地迎接，面带微笑，并致以恰当的问候语，当宾客离开时，服务人员应面带微笑，目送客人，并致以恰当的道别语，重要客人应组织迎送队伍，提前恭候，夹道迎送，面带微笑，鼓掌致意。

九、递送物品规范

递送笔给客人时，并将笔尖朝向自己；递送名片时，应将名片正面朝向对方，双手递给对方，不方便双手也要采用右手；递送菜单一般站在客人座位的左侧点头微笑双手递上，右手在上，左手在下，打开菜单的第一页递给女宾或长者。递送尖物如刀应刃内向，

十、操作礼节

操作注意事项：①不准大声喧哗、聚堆闲聊。②进房后不准关门，离开时必须关门。③不准翻阅客人书刊、杂志、信件。④不准动用客人物品。⑤不准吃客人的食品。⑥不讲有损酒店形象的语言。⑦不讲粗言恶语，使用蔑视污辱性语言。⑧严禁与客人乱开玩笑、打闹或取外号。⑨在宾客面前应禁止各种不文明的举动，如吸烟、吃零食、掏鼻孔、剔牙齿、挖耳朵、打嗝、打喷嚏、打哈欠、抓头搔痒、搓汗垢、修指、伸懒腰等，即使在不得已的情况下也应尽力采取措施掩饰或回避。⑩在上班工作前，不要吃带有强烈异味的葱、蒜、韭菜等。在现场服务过程，绝对不能抽烟、喝酒和吃东西。⑪服务员在工作时，应保

持室内安静，说话声音要轻，不在宾客面前大声喧哗、打闹、吹口哨、唱小调。走路脚步要轻，操作动作要轻，取放物品要轻，避免发出响声（这就是酒店行业所说的"三轻"）。⑫对容貌体态奇特或穿着奇装异服的宾客，切忌交头接耳议论或指手画脚，更不许围观，听到宾客的方言土语认为好笑时，不能模仿讥笑。对身体有缺陷或病态的宾客，应热情关心，周到服务，不能有任何嫌弃的表情和动作。

基本技能

一、托盘的定义

在餐厅服务过程中摆、换、送餐酒具，传菜，运送盘碟和斟倒酒水等，都需要使用托盘。不同物品用不同的托盘递送，这不仅有利于规范餐厅服务和提高工作效率，而且起着讲究礼节的作用。不同种类的托盘用途也不同，如大中型托盘，一般用于托运菜点，酒水和盘碟较重的物品，小型托盘一般用于斟酒，展示饮品。送菜分菜，送咖啡或冷饮，席间服务等。

二、托盘的种类

（1）托盘根据制作原料分有木质、金属（如银质、不锈钢等）以及胶木防滑托盘。

（2）根据用途的差异，托盘分为大中小三种规格。

（3）根据形状分有长方形或圆形等。

圆托　　　　　　　　　　长方形托

三、托盘的操作方法

（一）按承载物重量：轻托和重托

1. 轻托

轻托又称胸前托，托送比较轻的物品，所托的重量一般在 5 千克以下。轻托一般在客人面前操作，因此熟练程度、优雅程度及准确程度就显得十分重要。轻托也是评价服务人员水平高低的标志之一。

2. 重托

重托又称肩上托。是托载较重的菜点和物品时使用的方法，所托重量一般在 10 千克左右。

轻托　　　　　　　　　　重托

（二）使用托盘的基本步骤

理托　→　装盘　→　起托　→　行走　→　卸托

（三）轻托操作程序

1. 理盘

根据所托额选择好托盘，洗净擦干，如不是防滑托则在托盘内垫上洁净的垫布（垫布用清水沾湿拧干再使用效果更好）。铺平拉齐，这样既整洁美观又可使盘内物品不滑动。

2. 装盘

原则：将重物、高物放在托盘里，轻物、低物放在托盘外挡；先上桌的物品放在上、在前，后上桌的物品放在下、在后。

要求：托盘内的物品重量分布均衡，重心靠近身体。

3. 起托

要领：装盘后，应将左脚向前一步，上身前倾，将左手掌置于工作台面上方，掌心向上。用右手将托盘拉出台面2/3，然后将左手托住盘底，在右手的帮助下用力将托盘托起，待左手掌握好重心后，右手即放开。

（四）起盘后的姿势

左手臂自然弯曲成90°角，同时，左脚收回一步，使身体成站立姿势。此时，左手五指分开，以大拇指指端到手掌根部和其余四指托住盘底（掌心不与盘底接触）平托于胸前。

（五）端托盘行走的步法

行走时要头正肩平，上身挺直，目视前方，脚步轻快稳健，随着步伐移动，托盘会在胸前自然摆放，但以菜肴酒水不外溢为标准。

（1）托盘行走步伐分为四种：

1）常步：即按照正常的步速和步距迈步行走，要求步速均匀，不可急快急慢，步距适中。

2）快步：这是餐厅员工运送一些比较特殊的菜所运用的步伐，主要是需要热吃的菜肴，如果不采用快步走的方式，就会影响菜肴的质量。快步走时，较之常步，步速要快一些，步距要大一些，但应保持适宜的速度，不能表现为奔跑，否则会影响菜形或使菜肴发生意外的泼洒。

3）碎步：这种步法较适用于端汤行走，步速较快，但步距较小。运用碎步，可以使上身保持平稳，使汤汁避免溢出。

4）垫步：通常的步态都是左右脚前后交替运动，而垫步则是前脚前进一步，后脚跟进一步。

（2）垫步步法可以在狭窄的过道中间穿行时或在行进中突然遇到障碍或靠边席桌需要减速时运用。

（3）行走时的注意事项：

1）行走时轻而缓，右手摆动幅度不宜太大。

2）不与客人抢道，与客人相遇时侧身让道。

3）发生意外，如托盘内酒水滑落，不可惊叫，应冷静处理，马上叫同事看护现场，尽快清扫卫生。

4）右手用于协助开门或替客人服务。

5）当用托盘把物品送到房间时，托盘不能与桌面平放，应保持桌面 30 厘米距离为宜。

6）当把空托盘拿回来时，用右手或左手拿住托盘边以竖立方式靠近裤边行走（托盘底在外），切记勿拿空托盘玩耍。

四、练习

分组实训。

任务二　中餐摆台

一、中餐便餐服务

由于人数不固定，所以可以分为四人台、六人台、八人台、十人台、十二人台。开餐前 30 分钟按要求摆好台。

（一）零点所需的物品

中餐零点摆台摆放的物品中与酒店的档次、菜系和风格有关，每个酒店都有自己的统一标准。

（1）个人餐具：餐碟、毛巾碟、汤碗、勺、味碟、筷架、筷子、牙签、玻璃水杯和瓷器茶杯等。

（2）公共餐具：两壶（酱油和醋）、三盅（牙签、盐、胡椒）、烟灰缸、花插、台卡等。

（二）中餐餐具小知识

（1）餐碟：又称骨碟，是宴会中吃冷、热菜和接骨、刺等的盘。一般选用直径为 6in 的圆盘。

（2）汤碗：专门用来盛汤或者吃其他带有汤汁的菜肴的小碗。

（3）汤匙：用作喝汤、吃甜品或带有汤汁的菜肴。

（4）筷架：品种繁多，造型各异。主要作用是避免筷子与台布接触，保证用具清洁卫生。还可以提高宴会规格，增强宴会的气氛。

（5）筷子：种类很多，宴会一般用红木筷、象牙筷。

二、中餐零点摆台的操作

（1）中餐零点摆台的操作均站在主人位或从主人位开始，按顺时针方向摆放相关物品。

（2）按人数将桌面等分。

（3）有些精致高档的酒店的零点摆台要求与宴会一致，器具使用越少则档次越低。

其中不变的是杯、筷子、勺子、碗、餐碟的位置。

巾碟、牙签、茶杯据各酒店的统一标准。

三、摆台流程

整理工作台—铺台布—上转盘—摆桌椅—摆放个人餐具—摆放公用餐具。

具体操作如下：

（1）将摆台所需的用具，按使用的先后顺序，整齐、美观地摆放在工作台上。

（2）高的物品放在里边，矮的物品放在外面，先使用的放在外面，后使用的放在里边，商标图案朝外面。

（3）铺台布。

（4）上转盘：置于餐桌中央，要试转，检查是否有摆动、杂音等不良现象。

（5）拉椅定位：从主人位开始按顺时针方向进行，距离匀称，一次到位，动作要轻，椅边与台布边相切，所有的椅背应该是一个圆。

（6）个人餐具——餐碟、毛巾碟的摆放：餐碟位于每个餐位的正中间，碟与碟之间的距离要相等，碟边距桌边1cm（大约是一指宽）。毛巾碟摆放在骨碟的左侧，距离餐碟1cm，距离桌边1.5cm（也可以摆放在左上侧）。

（7）个人餐具——茶具的摆放：餐碟正前方摆放玻璃水杯，底部离汤碗、味碟1～1.5cm，三者中心成等边三角形。不能触摸杯口，注意卫生。

（8）公用物品的摆放：三盅成倒三角形摆放在右侧，距离转台3cm，两壶摆放在餐桌的左侧，两壶壶嘴朝左，壶把朝右，烟缸摆放三只，成三角形。插花居于桌中，台卡放一侧朝向餐厅门口。

四、练习

把学生分成小组按要求进行操作。

任务三　中餐早餐、午餐、晚餐摆台

一、中餐早餐摆台

（1）骨碟定位：座位正中，距离桌边1.5cm。

（2）汤碗摆放在骨碟正上方，碗边距离餐碟边1cm。

（3）筷架、筷子摆放在翅碗右侧，筷子底端距离桌边1.5cm，筷套在筷架上方的部分约为5cm。

（4）茶碟摆放在筷子右侧距桌边1.5cm，茶杯反扣在茶碟中，杯耳朝右与筷架平行。

（5）袋装牙签摆在骨碟与筷子中间，底端距桌边1.5cm。

（6）茶碟摆放在筷子右侧距桌边1.5cm，茶杯反扣在茶碟中，杯耳朝右与筷架平行。

（7）袋装牙签摆在骨碟与筷子中间，底端距桌边1.5cm。

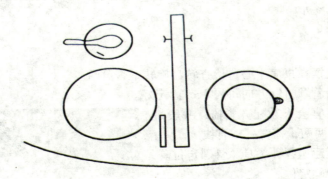

二、中餐午餐、晚餐摆台

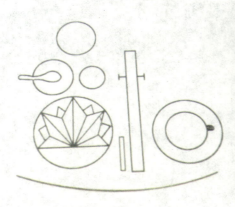

三、中餐宴会摆台

1. 宴会摆台应遵循的基本要求

（1）餐具图案对正、距离匀称、整齐美观、清洁卫生。

（2）摆台应遵循的原则：餐具摆放要相对集中，整齐一致，既要方便用餐，又便于席间服务，还要富于艺术性。

2. 摆台前的准备

（1）将双手洗净。

（2）领取各类餐具、台布、桌裙等。

（3）用干净的布巾将餐具和各种玻璃器皿擦亮，要求无任何破损、污迹。

（4）检查台布、桌裙是否干净，是否有皱纹、破洞等，不符合要求的要进行调换。

（5）洗涤所有的调味品壶并重新装好。

（6）折叠餐巾花。

3. 中餐宴会摆台餐具

（1）个人餐具：餐碟、汤碗、汤匙、筷架、筷子、三杯（水杯、葡萄杯、烈性酒杯）等。

（2）公共餐具：公用筷架、公筷、公勺、两壶（酱油及醋）、三盅（牙签盅、盐盅、胡椒盅）等。

（3）其他物品：台布、转盘、餐巾花、花瓶、菜单、席次卡、座卡、台号，以及符合主题的装饰物或鲜花。

4. 摆台时的流程

（1）铺台布。

（2）玻璃转盘摆在桌面中心，检查转盘旋转是否灵活。

（3）将桌裙沿着顺时针方向每隔5cm固定好。

（4）根据出席宴会人数配齐餐椅，一般将餐椅放置为三三、两两，椅背一条直线。

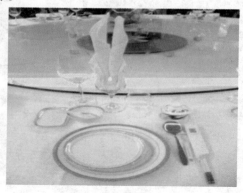

（5）使用托盘运送各种餐具，骨碟定位。

（6）翅碗和味碟定位。

（7）筷架、筷子和汤勺定位。

（8）牙签定位。

（9）三杯定位。

（10）摆放餐巾花和烟灰缸、火柴。

（11）摆放菜单和台号。

（12）摆放公用餐具。

一、概述

插花是一门艺术，同雕塑、盆景、造园、建筑等一样，均属于造型艺术的范畴。将剪切下来的植物之枝、叶、花、果作为素材，经过一定的技术如修剪、整枝、弯曲等和艺术如构思、造型、设色等加工，重新配置成一件精致美丽、富有诗情画意、能再现大自然美和生活美的花卉艺术品，即称为插花艺术。

二、插花构图的基本方法

（1）高低错落：即花朵的位置要高低前后错开，切忌插在同一直线或者横线上。

（2）疏密有致：指每朵花、每张叶都有其观赏效果或构图效果，过密嫌繁杂，过疏显空荡。

（3）虚实结合：花为实，叶为虚。

（4）仰俯呼应：上下左右的花朵、枝叶围绕中心仰俯组合、顾盼呼应，既反映作品的整体性，又保持作品的均衡感。

（5）上轻下重：花苞在上，盛花在下；浅色花在上，深色花在下，显得均衡自然。

（6）上散下聚：花材基部紧拢在一起，似同生于一根，上部疏散，千姿百态。

三、立意构思

立意，就是确定作品的主题，作品要表达的思想情趣，即作品蕴含的意境美，是插花创作的灵魂和依据。进行插花作品创作时，可以根据以下思想来进行立意构思。

（1）按照花材的形质特点、气质和寓意进行立意构思。

（2）利用植物不同季节的季相变化进行立意构思。

（3）利用容器和配件进行立意构思。

（4）利用作品造型进行立意构思。

（5）利用诗词名句或其意境进行立意构思。

四、插花技巧

1. 花材的选择

作为艺术插花的花材，严格地讲，应该具有一定的色、姿、形。通常要具有以下条件：

（1）花朵或枝叶切下后，应较为耐久，能保持一定时间不萎蔫凋谢。

（2）具有较长而坚挺的花梗，便于支撑，或供任意裁剪的植物。

（3）储运性能好，经过包装运输，不易损坏，不影响其自然形态的花草植物。

（4）木本植物应剪取自然弯曲，避免直硬，经修剪后具有一定优美姿态的枝条。

2. 修剪

选好花材后，修剪是插花过程中重要的一环。自然的花材，欲令其美态生动地表露出来，合乎自己的构思，必须善于修剪。修剪时可注意以下几点：

（1）顺其自然，留下枝条表现力强且优美者，其余的剪除。

（2）同方向平行的枝条只留一枝，其余剪去，以避免单调。

（3）从正面看，近距离的交叉枝、重叠枝要适当剪去，使之轻巧且有变化，活泼而不繁杂。

（4）草花在节下剪容易插。

（5）枝条的长短，视环境与花器的大小和构图需要而定。

（6）花材除刺、去除残缺花叶。

（7）在整个插做过程中，要仔细观察，凡有碍于构图、创意表达的多余枝条一律剪除。

3. 花材的艺术加工

插花作为一种艺术品，并不是任何剪下来的花和枝叶都可以随意插成的。它要求对所用花及枝叶进行必要的整理、裁剪和加工，这是插花的前奏和准备。花材的加工方法有：

（1）剪裁修枝，使枝条具有优美的线条，避免过分规则，平凡而无变化。

（2）整形弯枝，常用于木本花卉，以使其达到作品造型与器皿、构图与立意的协调统一。

（3）茎叶弯曲。常根据花卉种类的不同，采取不同的弯曲方法，如轻微揉搓（马蹄莲、非洲菊）、拇指拗弯（月季、香石竹）、铅丝定型（迎春、连翘）等。

（4）叶片弯折，这是艺术插花中应用最广的一种形式，弯折的目的在于改变叶片本身的线条，使作品富有变化，造型更优美。

（5）铅丝辅助，由于插花的植物品种繁多，特性各异，茎枝有水分多的，柔软细长的，也有干直且较硬的，由于造型的需要，或是为了保持花序的最佳程度，必须对其花和茎做些适当的技术处理。处理时较多的是借助于铅丝，如用铅丝绕茎（月季、香石竹）、插茎（水仙、非洲菊）、穿萼（防止花瓣脱落）、做花托（大丽花）等。

4. 插花的基本构图形式

插花艺术要能够根据所要表现的主题，选用能恰当表现该内容的构图形式。例如，表现崇高、敬仰、节操高洁、顶天立地之类的主题，常采用直立型的构图；表现奋勇向前、归心似箭、风吹浪打之类的主题，则多采用倾斜式的构图；表现大自然优美景色，常用盆景式的构图等。这样，形式表现出来的不仅是外在形态轮廓的美，而且反映出包孕在形式中的内容美，即艺术家热情讴歌的自然美和生活美，也就是意境美。

插花的构图形式，按分类依据的不同，可分为以下几种：

（1）按形态轮廓分为：对称式构图形式、不对称式构图形式、自然式构图形式。

（2）根据主枝在容器中的位置和姿态可分为：直立式、倾斜式、平展式、下垂式。

任务五　茶艺技能

一、茶艺基本知识

（1）茶的种类。茶可分为绿茶、红茶、黑茶、青茶、白茶、黄茶六大类。

（2）茶艺的技术。是指茶艺的技巧和工艺。包括茶艺表演的程序、动作要领、讲解的内容，茶叶色、香、味、形的欣赏，茶具的欣赏与收藏等内容。这是茶艺的核心部分。

（3）茶艺的礼仪。是指服务过程中的礼貌和礼节。包括服务过程中的仪容仪表、迎来送往、互相交流与彼此沟通的要求与技巧等内容。

（4）茶艺的规范。茶艺要真正体现出茶人之间平等互敬的精神，因此对宾客都有规范的要求。作为客人，要以茶人的精神与品质去要求自己，投入地去品赏茶。作为服务者，也要符合待客之道，尤其是茶艺馆，其服务规范是决定服务质量和服务水平的一个重要因素。

（5）悟道。道是指一种修行，一种生活的道路和方向，是人生的哲学，道属于精神的内容。悟道是茶艺的一种最高境界，是通过泡茶与品茶去感悟生活，感悟人生，探寻生命的意义。

二、学习茶艺用具及其使用方法

（一）基本器具

煮水壶（随手泡）一只、茶道组合一组、茶海（茶船）一个、无色透明玻璃杯若干、4～6人量紫砂壶一把、公道杯一只、小品闻香饮杯若干套（包括品杯和闻杯）、大盖碗若干（陶瓷紫砂随意）、新茶巾（小毛巾）一条。

煮水壶是为了在泡茶时容易掌握水温而泡出可口的茶；茶道六件的作用：茶夹是为了在洗涤、回收茶杯时候方便夹取，同时也可以夹取一些大块的茶（如普洱等）；茶勺是为了在将茶叶放置入茶杯（茶壶）时能方便、卫生；茶斗（茶漏）是为了在茶壶口较小的情况下扩大茶壶的壶口使得茶叶能干净的、容易的进入；茶针的作用是在壶嘴被堵时能疏通壶嘴；茶刮的作用是帮助清理出壶内的茶渣；茶瓶（茶筒）则是用来收纳上述五件用

具的。

（二）泡茶要素

泡好一壶茶主要有四大要素：①茶水比例。②泡茶水温。③浸泡时间。④冲泡次数。

1. 茶水比例

（1）茶的品质。茶叶中各种物质在沸水中浸出的快慢与茶叶的老嫩和加工方法有关。氨基酸具有鲜爽的性质，因此茶叶中氨基酸含量多少直接影响着茶汤的鲜爽度。名优绿茶滋味之所以鲜爽、甘醇，主要是因为氨基酸的含量高和茶多酚的含量低。夏茶氨基酸的含量低而茶多酚的含量高，所以茶味苦涩。故有"春茶鲜、夏茶苦"的谚语。

（2）茶水比例。茶叶用量应根据不同的茶具、不同的茶叶等级而有所区别，一般而言，水多茶少，滋味淡薄；茶多水少，茶汤苦涩不爽。因此，细嫩的茶叶用量要多；较粗的茶叶，用量可少些，即所谓"细茶粗吃"、"精茶细吃"。普通的红、绿茶类（包括花茶），可大致掌握在1克茶冲泡50~60毫升水。如果是200毫升的杯（壶），那么，放上3克左右的茶，冲水至七八成满，就成了一杯浓淡适宜的茶汤。若饮用云南普洱茶，则需放茶叶5~8克。乌龙茶因习惯浓饮，注重品味和闻香，故要汤少味浓，用茶量以茶叶与茶壶比例来确定，投茶量大致是茶壶容积的1/3至1/2。广东潮汕地区，投茶量达到茶壶容积的1/2~2/3。

2. 冲泡水温

据测定，用60℃的开水冲泡茶叶，与等量100℃的水冲泡茶叶相比，在时间和用茶量相同的情况下，茶汤中的茶汁浸出物含量，前者只有后者的45%~65%。这就是说，冲泡茶的水温高，茶汁就容易浸出；冲泡茶的水温低，茶汁浸出速度慢。"冷水泡茶慢慢浓"，说的就是这个意思。泡茶的茶水一般以落开的沸水为好，这时的水温约85℃。滚开的沸水会破坏维生素C等成分，而咖啡碱、茶多酚很快浸出，使茶味会变苦涩；水温过低则茶叶浮而不沉，内含的有效成分浸泡不出来，茶汤滋味寡淡，不香、不醇、淡而无味。泡茶水温的高低，还与茶的老嫩、松紧、大小有关。大致说来，茶叶原料粗老、紧实、整叶的，要比茶叶原料细嫩、松散、碎叶的，茶汁浸出要慢得多，所以，冲泡水温要高。水温的高低，还与冲泡的品种花色有关。具体说来，高级细嫩名茶，特别是高档的名绿茶，开香时水温为95℃，冲泡时水温为80℃~85℃。只有这样泡出来的茶汤色清澈不浑，香气纯正而不钝，滋味鲜爽而不熟，叶底明亮而不暗，使人饮之可口，视之动情。如果水温过高，汤色就会变黄；茶芽因"泡熟"而不能直立，失去欣赏性；维生素遭到大量破坏，降低营养价值；咖啡碱、茶多酚很快浸出，又使茶汤产生苦涩味，这就是茶人常说的把茶"烫熟"了。反之，如果水温过低，则渗透性较低，往往使茶叶浮在表面，茶中的有效成分难以浸出，茶味淡薄，同样会降低饮茶的功效。大宗红、绿茶和花茶，由于茶叶原料老嫩适中，故可用90℃左右的开水冲泡。冲泡乌龙茶、普洱茶和沱茶等特种茶，由于原料并不细嫩，加之用茶量较大，所以，须用刚沸腾的100℃开水冲泡。特别是乌龙茶为了保持和提高水温，要在冲泡前用滚开水烫热茶具；冲泡后用滚开水淋壶加温，目的是增加温度，使茶香充分发挥出来。至于边疆兄弟民族喝的紧压茶，要先将茶捣碎成小块，再放入壶或锅内煎煮后，才供人们饮用。判断水的温度可先用温度计和计时器来测量，等掌握之后就可凭经验来断定了。当然，所有的泡茶用水都得煮开，以自然降温的方式来达到控温的效果。

3. 冲泡时间

茶叶冲泡时间差异很大，与茶叶种类、泡茶水温、用茶数量和饮茶习惯等都有关。如用茶杯泡饮普通红、绿茶，每杯放干茶 3 克左右，用沸水 150～200 毫升，冲泡时宜加杯盖，避免茶香散失，时间以 3～5 分钟为宜。时间太短，茶汤色浅淡；茶泡久了，增加茶汤涩味，香味还易丧失。不过，新采制的绿茶可冲水不加杯盖，这样汤色更艳。另用量多的茶，冲泡时间宜短；反之则宜长。质量好的茶，冲泡时间宜短，反之宜长些。茶的滋味是随着时间延长而逐渐增浓的。据测定，用沸水泡茶，首先浸提出来的是咖啡碱、维生素、氨基酸等，大约到 3 分钟时，含量较高。这时饮起来，茶汤有鲜爽醇和之感，但缺少饮茶者需要的刺激味。以后，随着时间的延续，茶多酚浸出物含量逐渐增加。因此，为了获取一杯鲜爽甘醇的茶汤，对大宗红、绿茶而言，头泡茶以冲泡后 3 分钟左右饮用为好，若想再饮，到杯中剩有 1/3 茶汤时，再续开水，以此类推。对于注重香气的乌龙茶、花茶，泡茶时，为了不使茶香散失，不但需要加盖，而且冲泡时间不宜长，通常 2～3 分钟即可。由于泡乌龙茶时用茶量较大，因此，第一泡 1 分钟就可将茶汤倾入杯中，自第二泡开始，每次应比前一泡增加 15 秒左右，这样要使茶汤浓度不致相差太大。白茶冲泡时，要求沸水的温度在 70℃左右，一般在 4～5 分钟后，浮在水面的茶叶才开始徐徐下沉，这时，品茶者应以欣赏为主，观茶形，察沉浮，从不同的茶姿、颜色中使自己的身心得到愉悦，一般到 10 分钟，方可品饮茶汤。否则，不但失去了品茶艺术的享受，而且饮起来淡而无味，这是因为白茶加工未经揉捻，细胞未曾破碎，所以茶汁很难浸出，以至浸泡时间须相对延长，同时只能重泡一次。另外，冲泡时间还与茶叶老嫩和茶的形态有关。一般说来，凡原料较细嫩，茶叶松散的，冲泡时间可相对缩短；相反，原料较粗老，茶叶紧实的，冲泡时间可相对延长。总之，冲泡时间的长短，最终还是以适合饮茶者的口味来确定为好。

4. 冲泡次数

据测定，茶叶中各种有效成分的浸出率是不一样的，最容易浸出的是氨基酸和维生素 C；其次是咖啡碱、茶多酚、可溶性糖等。一般茶冲泡第一次时，茶中的可溶性物质能浸出 50%～55%；冲泡第二次时，能浸出 30% 左右；冲泡第三次时，能浸出约 10%；冲泡第四次时，只能浸出 2%～3%，几乎是白开水了。所以，通常以冲泡三次为宜。如饮用颗粒细小、揉捻充分的红碎茶和绿碎茶，由于这类茶的内含成分很容易被沸水浸出，一般都是冲泡一次就将茶渣滤去，不再重泡。

三、茶艺操作

  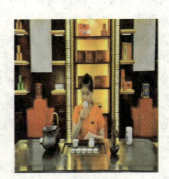

茶道的程序按顺序的步骤如下：

第一道净手和欣赏器具：也就是洗手，喝茶卫生很重要，先引茶入荷，请来宾赏茶，然后是赏具：品茶讲究用景瓷宜陶——景德镇的瓷器或宜兴的紫砂壶为上，这个都是为了喝茶前有个放松心情的准备。

第二道烫杯温壶：就是把茶叶器具都用开水冲洗一次，目的也是为了卫生清洁，同时给茶具预热，这样泡出来的茶的味道更香，将沸水倾入紫砂壶、公道杯、闻香杯、品茗杯中，也有朋友说这叫洁具提温。

第三道马龙入宫：把茶叶放到器具里，也就是放茶过程到茶壶里，名字叫得好听，程序简单，表演可以适当加入花式，更具有茶韵。

第四道洗茶：将沸水倒入壶中，让水和茶叶适当接触，然后又迅速倒出。目的是为了把茶叶表面的不清洁物质去掉，还有就是把没炒制好的茶叶过滤掉。

第五道冲泡：把沸水再次倒入壶中，倒水过程中壶嘴"点头"三次，别一次把壶倒满，茶道的程序其实也只是好看而已，只有这步才是平时大家常用的，表演上即所谓"凤凰三点头"，向客人示敬。

第六道春风拂面：完全是表现技巧美观需求，水要高出壶口，用壶盖拂去茶末儿，把浮在上面的茶叶去掉，为的是只喝茶水不要让上面浮的茶叶到口中。

第七道封壶：盖上壶盖，保存茶壶里茶叶冲泡出来的香气，用沸水遍浇壶身也是这个目的。

第八道分杯：准备喝茶开始的步骤，用茶夹将闻香杯、品茗杯分组，放在茶托上，方便加茶。

第九道玉液回壶：轻轻将壶中茶水倒入公道杯，使每个人都能品到色、香、味一致的茶。给人精神上的享受和感官上的刺激，简单点说就是给客人每人一杯茶。

第十道分壶：然后将茶汤分别倒入每个客人的闻香杯，茶道的程序茶斟七分满，表示对客人的尊敬。

第十一道奉茶：把杯子双手送到客人面前注意倒茶礼仪，以茶奉客的中国古代礼仪之本。

第十二道闻香：这个是客人开始独自感悟的步骤，客人将茶汤倒入品茶杯，轻嗅闻香杯中的余香，最好能有陶醉状，表示对主人茶的欣赏和赞叹。

第十三道品茗：现在终于可以喝茶了，客人用三指取品茗杯，分三口轻啜慢饮，然后放下，可以在谈话交流期间继续如此，显示茶在交流中的地位和必不可少的身份。

第五单元

客户信息服务专业

认识专业

一、概述

客户信息服务专业又称呼叫中心专业、网络互动专业等，是教育部为解决服务外包与呼叫中心产业发展，应对人力资源需求市场而设置的专业。

呼叫中心是充分利用现代通信、网络与计算机技术集成（CTI），如 IVR（交互式语音应答系统）、ACD（自动呼叫分配系统）等，可以自动地处理大量各种不同的电话呼入和呼出业务及服务的运营操作场所。

二、专业背景

中国改革开放 30 多年的成就举世瞩目，2007 年国务院的《关于加快发展服务业的若干意见》指出，"服务业是国民经济的重要组成部分，服务业的发展水平是衡量现代社会经济发达程度的重要标志。加快发展服务业，提高服务业在三次产业结构中的比重，尽快使服务业成为国民经济的主导产业，是推进经济结构调整、加快转变经济增长方式的必由之路，是有效缓解能源资源短缺的瓶颈制约、提高资源利用效率的迫切需要，是适应对外开放新形势、实现综合国力整体跃升的有效途径"。2008 年以后中国开始了新一轮的产业结构调整和产业升级，第三产业发展突飞猛进，而呼叫中心也从此迎来了发展的春天。目前，呼叫中心已经广泛地应用在市政、公安、交管、邮政、电信、银行、保险、证券、电力、IT 和市场营销等行业，以及所有需要利用电话进行产品营销、服务与支持的大型企业，使企业的客户服务与支持得以实现，并极大地提高了相应行业的服务水平和运营效率。

客户信息服务是现代高端服务业的重要组成部分，它的特点是信息技术承载度高、附加值大、资源消耗低等。服务外包的发展给现代服务业带来从管理技术、管理理念到商业模式的创新，提高管理水平、技术水平和科技创新水平，从而促进现代服务业的发展。

三、专业工作特点

（1）工作环境佳。室内工作条件舒适、一人一工作平台、安全性较好。

（2）工作方式简单。主要通过电话或网络平台与客户进行沟通。

（3）技能难度不高。掌握人与人的沟通能力就可以。

（4）工作性质时尚。出入高楼大厦，使用的全部是现代化的通信工具。

（5）收入普遍较高。除了基本工资外，业务提成会为个人带来颇丰的收入。

（6）能力提高快。信息社会，沟通是生存的第一能力。

四、主要课程

（1）公共基础课：语文、数学、英语、计算机基础、职业生涯规划等。

（2）基础技能类课程：电子商务、电话营销基础、电话营销实务、客户关系管理等。

（3）核心技术类课程：电话营销技能训练、消费与客户心理分析、呼出技巧训练、呼入技巧训练、沟通技巧综合训练、话术设计与应用。

（4）职业延展课程：国学修养教育、心态修炼与辅导、团队意识。

五、就业范围及方向

可在各行各业的呼叫中心部门，专业的呼叫中心企业从事座席人员、班组长工作。如政府服务类、通信客服类、互联网公司客服类、电视电话互联网购物类、金融服务类、专业信息服务类、产品制造企业的售后服务、各外包型呼叫中心等涉及客户服务或市场营销岗位咨询、客服、投诉、派单等岗位或电话、互联网营销岗位；各行业信息服务后台或技术服务等岗位。

六、职业发展规划

国家信息产业部对客户信息服务专业有行业认证：分为初级（客户信息服务员，国家职业资格五级）、中级（高级客户信息服务员，国家职业资格四级）、高级（助理客户信息服务师，国家职业资格三级）、技师级（客户服务管理师，国家职业资格二级）。

学生毕业进入此行业后，那么他的职业规划可以从呼叫服务员开始，逐步走向客户服务管理师。

七、升学与就业案例

梁晅（隆林县人），2014 年毕业于田东技术学校计算机应用专业，考取北京技术大学。

日 常 口 语 交 际

一、口语交际概念

口语交际是特定的人（包括听、说双方），在特定的语境里，为特定的目的，运用语音手段，选择适当的内容和方式组成话语，传递信息，交流思想和感情的一种言语活动。口语交际是口头进行的信息交流活动，是交际双方的情感交流，直接通过语音的变化来表达，通过目光、面部表情、手势、点头、摆头、耸肩等肢体语言来表示。

二、口语交际分类

口语交际大致可分为以下几类：①日常交谈。②寒暄。③电话交谈。④拜访与接待。⑤介绍与解说。⑥演讲。⑦辩论。⑧主持。⑨求职面试。口语交际基本技巧：平时生活中的口语交际里，我们要留心别人的语言，积极与人交往，学会交往的技巧，语言的表达要能与人物性格、年龄等特征相符合，注意礼貌，语言简明、连贯、得体。

1. 日常交谈方法与技巧

善于提出话题、控制话题、转移话题、展开话题。

展开话题的方式：①开门见山式。②迂回入题式。③即境入题式。

示例：某青年教师早早回家做了一锅红枣饭。妻子下班回来，端起碗，高兴地问："这枣真甜啊，哪来的？"丈夫说乡下姨妈捎来的。妻子不无感慨地说："姨妈想得可真周到啊，年年捎枣来。"丈夫说："那还用说，我从小失去父母，就是姨妈把我抚养大的嘛。"妻子接着说："她老人家这一生也真够辛苦的。"稍停，丈夫忽然叹了口气说："听捎枣的人说，姨妈腿上的老毛病又犯了……""那就把她老人家接来吧，到医院好好治治。"不等丈夫把话说完，妻子说出了丈夫想说还未说出的话。可以说，一句动情的话，胜过滔滔万言。在这个事例中，吃枣饭、谈红枣、忆旧情，在情感、道义上让人不宜也不忍拒绝，另外加上语气曲折委婉，表述贴切诚恳，终于促成了将老人接来治病这个目的的实现。

2. 寒暄方法与技巧

寒暄式：自然亲切，建立认同感，调节气氛。

基本要求：应有主动热情，诚实友善的态度；应适可而止，因势利导；善于选择话题。

例如，问候：您好！去哪儿？攀认型：说起来咱们还是校友呢！敬慕型：见到您不胜荣幸！您就是陈老板，真是百闻不如一见啊！体语式：微笑、点头、招手、按车铃、鸣笛等。

三不原则：寒暄不可少，交谈不可长，体势语不可多。

3. 电话交谈方法与技巧

交谈原则：清楚、准确；简短高效；文明、礼貌。

接听基本技巧：接听及时，应对谦和，主次分明。

语气语调要求：态度明确，清晰愉快，热情洋溢，乐于帮助。

例如：

方方：你好，很不好意思，在这个时间打扰到你。我是方方。

园园：方方，我是园园。有事吗？

方方：嗯，有一点点小事情，但是有点麻烦……

园园：噢！怎么回事？

方方：昨天传真过来的图，有两张成像角度我感觉好像有点问题，本来我想麻烦你们帮我重新调整一下再重发过来，但是我觉得如果谁懂这个，方便的话帮忙改动一下这两张图，把电子版的发给我就好了，我急用的。

园园：我找婷婷去，她会帮忙的。

方方：真的挺不好意思的，又要麻烦你了。

园园：不客气，这是应该的。

4. 拜访与接待方法与技巧

拜访：约定时间，约定人数，准时到达。

接待：仪表得体，环境舒适，准备待客用品，及时问候，文明就座，得体交谈，适时告辞，礼貌送客。

例如：

（1）选择适当的拜访时机。选择时间，工作性的在上班时间。家中拜访应提前预约，还要考虑对方的心情。

（2）特殊的拜访——看望长辈：要多陪老人聊天，理解和宽慰老人的唠叨。拜访老人顺者为敬。看望病人：不要说病人忌讳的话。这要先了解病情，应说你的气色比前几天好多了。病来如山倒，病去如抽丝。别急，慢慢调养会好得快些。还要少谈病情多谈闲事，多谈病人高兴的事。

热情迎客：欢迎，请进。稀客稀客，哪阵风把您吹来了？您真准时。进屋后要客人先落座，然后主人再坐下。若是陌生人，可说："您是……"表询问，然后表示欢迎，落座后不要急于询问其来访目的，应等客人主动开口。知人善谈：交谈方式要因人而异。对前来求助的要语气平和，给其信任感即使无力相助也要给其一线希望，可说这事放在我心上，只要有可能我一定会尽力帮忙的。

5. 介绍与解说方法与技巧

（1）自我介绍。

1）要说好一个"我"字：以平和的口气说出，目光亲切，神态自然，才能感受到一个自信自立又自谦的美好形象。

2）独辟蹊径：从独特的角度，选择使对方感到有意义又觉得顺乎自然的内容，采用活泼的语言把自己推销给别人。

3）巧报家门：自己的姓名。

（2）他人介绍。

1）选择什么内容介绍他人。选择双方都感兴趣的。她叫×××，是位教学经验非常丰富的教师；×××，是位教师，她丈夫是××贸易公司的总经理。千万不要忘了介绍别人的特长，也可以给介绍的人做一个中肯简单的评价。×××同志乐于助人的美德尽人皆知，他会给予你热情帮助的。

2）采用什么样的语言形式介绍他人。首先要了解对方是否有想要结识的愿望。直接陈述的方式，这是我的朋友老刘，搞建筑设计的。这是××同志，很会讲笑话，同他交谈你会感到很快乐的。也可采用询问式，刘××同志，我可以介绍×××同你认识吗？×××同志，你想了解××产品的销售情况吗？这是××公司业务员小赵，他会给你满意的答案的。

3）做介绍时应遵循的一般原则。一般要先介绍客人再介绍主人，先年长的身份高的，再年轻的身份低的，先女的再男的。年龄差别不大的同性之间，向已婚的引见未婚的，向一对夫妇引见时先向女性引见男性。在人员较多的场合，作为被介绍的双方，也可主动地作自我介绍，以缓解介绍人的忙乱。如有后来者，可先介绍后来的，然后逐一介绍在场的人，也可有选择地介绍，不必带着客人在室内团团转，你不妨说："我希望大家同刚从纽约来的琼斯先生见见面。布朗小姐、格林太太、史密斯先生、怀特小姐、布莱克先生和金先生。"如果是将你介绍给别人，你应站在另一被介绍人的对面。介绍完后各握一下对方的手，说："您好，认识您很高兴，久仰久仰。"也可递上自己的名片，说声请多关照，请多指教。

（3）使用名片。

1）要把自己的名片放在易于拿出的地方。

2）出示名片时目光要正视对方，并双手递上，口中说请多关照。

3）出示时要适时。谈话比较融洽，对方愿意与你建立联系时，双方握手告别时。

4）接到对方名片时要认真看一下，再郑重地放进口袋。

（4）解说：内容要具体准确，条理要清晰明白，语言要简洁通俗。

三、日常口语交际能力

日常口语交际能力是一种在交往过程中表现出来的灵活、机智的听说能力和待人处世能力。口语交际能力主要是听说能力，在各种交际活动中，学会倾听、表达与交流，初步学会文明地进行人际沟通和社会交往，发展合作精神。具体要求是：①把握对方说话的要点，做出准确的判断或得体的回答。②说话时语言表达要简明、得体、连贯。即学会"听话"和"说话"。

口语交际准则：

（1）言之有"礼"，即文明得体。

（2）言之有"物"，即有内容。

（3）言之有"序"，即说明有合理的顺序。

（4）言之有"节"，即简明。

四、口语交际训练

（1）介绍自己：开学第一周，让新同学向班级同学做自我介绍，说说自己的兴趣、爱好，谈谈自己对中职学校的看法，为何选择来中职学校学习，想学什么技术。

（2）假设你的好朋友做了错事（如偷同学手机），你告诉了老师，这位朋友因而长时间不理睬你，你用什么样的方法与之交谈，从而恢复你们的友情？

（3）假设你周末看望自己生病住院的老师，请设想一个见面的情景，你准备怎么进入话题，应该说些什么？

（4）两人一组，在教室里进行打电话练习，可选以下话题或自拟：

1）你中职毕业后去实习了，向班主任或科任老师汇报实习情况，约定拜访时间。

2）你的小孩生病了，作为家长的你如何代小孩向班主任请假。

3）下午第三节课，班上张伟同学肚子疼得厉害，王明和李强连忙将他送到县医院。经医生诊断张伟得了急性阑尾炎，需立即动手术，手术费为 2000 元。王明和李强商量先打电话通知张伟父母，然后再跟自己父母打电话。请你根据以上情境，设计出两次电话的内容（称呼及部分内容已给出），要求语言简洁明了。

①王明给张伟父母打电话的内容为：叔叔（阿姨），我是张伟的同学，＿＿＿＿＿＿＿＿＿＿＿＿＿＿＿（以上填写内容不超过 30 字）。

②王明给自己父母打电话的内容为：爸爸（妈妈）＿＿＿＿＿＿＿＿＿＿＿＿＿＿＿，（以上填写内容不超过 15 字）。

（5）有一天，王明在学校食堂乱倒剩饭菜，他去劝那个学生，那个学生却说："倒的人多了，少我一个不少，多我一个不多，有什么关系？"王明该怎么说？

（6）两人一组，在教室里进行模拟练习，假如有客人来你家，找你的父母有事相商，恰巧你的父母都不在，你会怎样对侍客人？

客户服务礼仪

任务一 接待礼仪

一、服务接待礼仪

礼仪是指人们在社会交往活动中形成的行为规范与准则，是道德的外在表现形式，也是调节人际关系的重要手段。文明礼貌待人、言谈举止得体，是每个从事接待工作的人员所必须具备的素质。而作为客户信息服务专业人员，要更加明白对服务的认识；约束自己的行为，树立自己的专业形象；以专业的姿态接待客户；熟悉接待流程和过程中的礼仪；提升接待用语、接待行为的规范性，以最优质的服务提升电信行业竞争力。

服务接待礼仪中不仅包含营业厅服务人员的仪表修饰、着装规范、礼貌用语、环境优化等现代服务的形式之美，而且着重强调了职业道德、服务意识、仪态调整等现代服务的内涵之美。就是说在服务接待的时候，既要讲究形式之美，更要讲究内涵之美。

二、服务接待礼仪的意义

（1）服务接待礼仪是提高服务客户质量的关键。

（2）服务接待礼仪是提高行业竞争力的有效手段。

（3）服务接待礼仪是留住客户的直接影响作用。

（4）服务接待礼仪是增强经济实力、树立行业形象的重要手段。

三、如何让服务接待礼仪成为必要

（1）给服务接待人员注入服务意识。

（2）营造良好的服务接待文化氛围。

四、服务接待礼仪的基本理念

1. 顾客第一的理念

（1）满足顾客的需求是服务人员的最高行为准则。

（2）善解人意，明白顾客的意思。

（3）对顾客忠诚。

（4）让顾客选择。

（5）给顾客方便。

2. 顾客满意的理念

（1）让顾客有宾至如归的感觉。

（2）电信营业厅服务人员要殷勤服务。

（3）要尊重顾客的要求。

（4）对待顾客要一视同仁。

（5）认真对待顾客的意见。

五、服务接待人员仪容仪表礼仪

1. 营业厅服务接待人员的服饰基本要求

（1）要符合服务接待人员的身份和所在的场合。

（2）要整洁美观。

2. 营业厅服务接待人员正装的选择与穿着

（1）男士正装的选择和穿着。

（2）女士正装的选择和穿着。

3. 营业厅服务接待人员饰品的选择和佩戴

（1）饰品的选择要适当。

（2）饰品的佩戴要得体。

4. 营业厅服务接待人员仪容的基本要求

（1）整体风格要整洁、整齐、大方。

（2）头发、脸部、口腔和耳朵要注意整洁卫生。

5. 营业厅服务接待人员的个人习惯礼仪

（1）不做不雅观的小动作。

（2）打喷嚏、咳嗽时注意卫生。

（3）不随地吐痰、擤鼻涕。

（4）保持接待大厅整洁。

6. 营业厅服务接待人员神态要求

（1）神态的含义及基本要求。

（2）微笑是最受欢迎的语言。

六、电信营业厅服务接待人员举止风度礼仪

1. 服务接待人员举止风度总体要求

（1）热情周到。

（2）谦恭有礼。

2. 服务接待人员的姿态

（1）站有站姿，站得沉稳。

（2）坐有坐姿，坐得优雅。

（3）走有走姿，走得挺拔。

3. 服务接待人员常见的见面礼和手势语

（1）初次见面的握手礼。

（2）眼神交汇时点头致意。

（3）顾客离去时挥手告别。

（4）召唤的手势礼仪。

（5）用手指指数礼仪。

七、服务接待人员的言谈礼仪

1. 服务接待人员交谈的总体要求

（1）态度亲切。

（2）行为恭谦。

（3）说话算话。

2. 服务接待人员的谈话礼仪

（1）以顾客习惯的方式进行谈话。

（2）用委婉、商量的语气与顾客交谈。

（3）赞美和表示认同。

（4）善于提问和回答。

（5）避免使用消极性语言。

3. 服务接待人员的倾听礼仪

（1）认真的倾听，眼神交流。

（2）适当反应，给顾客继续下去的暗示。

（3）多理解少评论。

（4）不与顾客争辩，满足顾客至上。

八、电信营业厅服务接待人员职业道德规范

1. 职业道德与自身发展

（1）从事一定的职业是人谋生的手段、是人的需求、是人全面发展的重要条件。

（2）职业道德是事业成功的保证。

（3）职业道德是人格的一面镜子。

2. 八种职业道德须遵守

文明礼貌、爱岗敬业、诚实守信、办事公道、勤劳节俭、遵纪守法、团结互助、开拓创新。

任务二　电话礼仪

电话被现代人公认为便利的通信工具，在日常工作中，使用电话的语言很关键，它直接影响着一个公司的声誉；在日常生活中，人们通过电话也能粗略判断对方的人品、性格。因而，掌握正确的、礼貌待人的打电话方法是非常必要的。随着科学技术的发展和人们生活水平的提高，电话的普及率越来越高，人离不开电话，每天要接、打大量的电话。看起来打电话很容易，对着话筒同对方交谈，觉得和当面交谈一样简单，其实不然，打电话大有讲究。

一、电话服务人员的素质标准

（1）积极的心态。服务人员保持积极的心态，这样会使服务人员的声音听起来很积极而且有活力。

（2）热情。时刻保持高度热情可以感染客户。

（3）自信。为了保持自信，我们在语气上、措辞上要用肯定的，而不应该是否定的或模糊的。

（4）节奏。节奏一方面指自己讲话的语速，另一方面也是指对客户所讲问题的反应速度。在你与客户讲话时，要使用标准语速，既不能太快，也不能太慢。

（5）语气要不卑不亢。不要让客户感觉到客户服务人员没有自信心，也不要让客户感觉到盛气凌人。

（6）合适的语调。①语调不要太高。②太过平淡的声音会使人注意力分散，产生厌倦，在重要的语句上，服务人员要用重音。

（7）音量。①音量当然不要太大，声音太大或太强会让客户产生防备心理，他会觉得客户信息服务人员太强大了。②声音太小或太弱会让客户觉得服务人员缺乏信心，从而使客户不重视服务人员。③话筒的位置也很重要，不要直接对着嘴部，要放在嘴的左下角，这样对保证正常电话音量和提高音质有很大的帮助。

（8）简洁。尽量不要谈及太多与业务无关的内容。为了与客户建立关系，适当谈些与个人有关的内容是必要的，但应适可而止。不要耽误自己的时间，也不要占用客户太多的时间。

（9）停顿。停顿可以吸引客户的注意力，也可以让客户有机会思考，让你的客户主动参与到电话沟通中来。

（10）微笑。微笑可以改变我们的声音，同时也可以感染在电话另一端的客户。你的微笑不仅可以使你充满自信，同时也将欢乐带给了客户。

（11）保持专业友好声音形象的原则。①保持你的声音带着"微笑"，表明你愿意帮助他。②让人听起来自信，表示出你的热情。③证明你知道你正在讲什么。④保持积极的、愿意帮助的态度。⑤对于出现的问题，勇于承担责任。

二、电话礼仪标准

1. 通话前准备

（1）呼入电话时响三声之内拿起话筒——自报单位名称及问候语，并愉快而迅速地接听，礼貌地对待打错的电话。

（2）在拨出电话之前，客户服务人员应打好腹稿，表达准确、简明扼要。

2．通话中的礼仪

（1）应在铃响三声内接听电话，使用礼貌用语并报上你的名字"早上/中午/下午好，欢迎致电×××，请问有什么可以帮到您?"

（2）打电话给他人时不要先问对方姓名。应适时询问客户称呼"先生（小姐），请问您贵姓"?

（3）礼貌称呼客户并正确应答客户相关问题"××小姐/先生，您好，关于……"，如未正确领会客户意图，需主动与其确认，"××小姐/先生，您好，您是说（您的意思是）……"

（4）需要客户等待时，应告诉一个客户"为什么"，并要取得客户同意，给客户一个等待的时限。

（5）在客户等待过程中电话服务人员应与客户适当地谈论相关的话题，使得客户知道我们时刻记着他们。

（6）在转接客户的电话时，服务人员应向客户解释为什么电话需要转接，并要取得客户的同意。

（7）被转接人接听电话后应感谢客户的等待，"××先生（小姐），不好意思让您久等，就您所提到的……"

（8）被转接电话接听后需告知被转接电话人的姓名。

（9）转接电话挂断之前需确定被转接电话处是否有人接听。

3．结束电话的礼仪

（1）在结束电话之前，应主动询问客户是否还有其他问题需要帮助，并感谢客户来电，欢迎客户随时致电。

（2）根据客户特点结束电话，结束时让客户先挂断电话，并轻轻放下话筒。

任务三 电话营销

电话营销是通过使用电话，来实现有计划、有组织并且高效率地扩大顾客群、提高顾客满意度、维护老顾客等市场行为的手法，现代管理学认为电话营销决不等于随机的打出大量电话，靠碰运气去推销出几样产品。

电话营销被认为出现于 20 世纪 80 年代的美国。随着消费者为主导的市场的形成，以及电话、传真等通信手段的普及，很多企业开始尝试这种新型的市场手法。

一、流程技巧

电话营销是目前最常用的销售方式。销售最关键的一步就是准确找到需要你产品或服务的人，然后有目的、有针对性地与目标客户进行沟通，下面是电话营销的一些做法，供参考：

1. 准备一个名单

事先选定目标客户的行业，通过网页、网络筛选客户，准备一份可以供一个月使用的人员名单，这样可以大大提高工作效率，否则你的大部分销售时间将不得不用来寻找所需要的名字，在有效时间内打不上几个电话。

2. 规定工作量

首先规定打电话的时间，如上午和下午各 2 个小时，在规定时间内要打 100 个电话，无论如何要完成这个任务，而且还要尽可能多地打电话。

3. 营销时间选择

通常来说，人们拨打销售电话的时间是在早上 9 点到下午 5 点之间，所以，你每天也可以在这个时段腾出时间来做电话推销。

如果这种传统销售时段对你不奏效，就应将销售时间改到非电话高峰时间，或在非高峰时间增加销售时间。最好安排在 9：00～10：00、12：00～13：00 和16：30～18：30 之间销售。

我们都有一种习惯性行为，你的客户也一样。很可能在每周一的 10 点钟都要参加会议，如果你不能够在这个时间接通他们，就要从中吸取教训，在该日其他的时间或改在别的日子给他打电话，你会得到出乎预料的成果。

4. 电话要简短

打电话做销售拜访的目标是获得一个约会。电话做销售应该持续大约 3 分钟，而且应该专注于介绍你自己、你的产品，大概了解一下对方的需求，以便你给出一个很好的理由让对方愿意花费宝贵的时间和你交谈。最重要的是别忘了约定与对方见面。

5. 定期跟进客户

整理有效的客户资源，定期跟进，跟客户保持联系，等待业务机会。一旦时机来了，客户第一个想到的就是你。

6. 坚持不懈

毅力是销售成功的重要因素之一。大多数的销售都是在第 5 次电话谈话之后才进行成交的。然而，大多数销售人员则在第一次电话后就停下来了，所以一定要坚持不懈，不要气馁。

好的电话营销系统必然带来事半功倍的效果。如专业的电话营销呼叫中心平台，当然前期投入大，大的保险公司均有应用。适合中小型企业的电销系统，投入小，却可以正常运行的电销系统也可以应用。

二、营销技巧

主要是专业与非专业的区别，一般呼叫中心在量上会有细微的差距。很多人说销售中最后的谈判很重要，因为谈成功就可以成交了，但殊不知电话销售其实才是整个销售过程中最重要、最关键的一步，因为如果头没开好，也就没有了后面的拜访，更没有再后面的谈判和成交了。但问题是在目标客户前面往往挡着接线员，要和客户接上头就要想办法绕过他们，而他们往往有着惊人的"挡箭"水平，让众多销售员望而却步。

"在30秒内抓住对方注意力"成为每一名电话销售人员的一项基本修炼，那如何做到这一点呢？本节将提供六种方法供电话销售人员参考。

1. 请求帮忙法

如电话销售人员："您好，李经理，我是××，××公司的，有件事情想麻烦一下您！（或有件事想请您帮忙！）"一般情况下，在刚开始就请求对方帮忙时，对方是不好意思断然拒绝的。电话销售人员会有100％的机会与接线人继续交谈。

2. 第三者介绍法

如电话销售人员："您好，是李经理吗？"客户："是的。"电话销售人员："我是××的朋友，我叫××，是他介绍我认识您的，前几天我们刚通了一个电话，在电话中他说您是一个非常和蔼可亲的人，他一直非常敬佩您的才能。在打电话给您之前，他叮嘱我务必要向您问好。"客户："客气了。"电话销售人员："实际上我和××既是朋友关系又是客户关系，他使用了我们的产品之后，公司业绩提高了20％，在验证效果之后他第一个想到的就是您，所以他让我今天务必给您电话。"通过"第三者"这个"桥梁"过渡后，更容易打开话题。因为有"朋友介绍"这种关系之后，就会无形地解除客户的不安全感和警惕性，很容易与客户建立信任关系。

3. 牛群效应法

在大草原上，成群的牛一起向前奔跑时，它们一定是很有规律地向一个方向跑，而不是向各个方向乱成一片。把自然界的这种现象运用到人类的市场行为中，就产生了所谓的"牛群效应法"，它是指通过提出"与对方公司属于同行业的几家大公司"已经采取了某种行动，从而引导对方采取同样行动的方法。如电话销售人员："您好，王先生，我是××公司的××，我们是专业从事电话销售培训的，我打电话给您的原因是因为目前国内的很多IT公司如戴尔、用友、金蝶等都是采用电话销售的方式来销售自己的产品的，我想请教一下贵公司在销售产品的时候有没有用到电话销售呢？"电话销售人员在介绍自己产品的时候，告诉客户同行业的前几个大企业都在使用自己产品的时候，这时"牛群效应"开始发挥作用。通过同行业前几个大企业已经使用自己产品的事实，来刺激客户的购买欲望。

4. 激起兴趣法

这种方法在开场白中运用得最多、最普遍，使用起来也比较方便、自然。激起对方兴趣的方法有很多，只要我们用心去观察和发掘，话题的切入点是很容易找到的。如约翰·沙维祺是美国百万圆桌协会的终身会员，是畅销书《高感度行销》的作者，他曾被英国牛津大学授予"最伟大的寿险业务员"称号。一次他打电话给一位美国哥伦比亚大学教授强森先生的开场白如下："哲学家培根曾经对做学问的人有一句妙语，他把做学问的人在运用材料上比喻成三种动物。第一种人好比蜘蛛，他的研究材料不是从外面找来的，而是由肚里吐出来的，这种人叫蜘蛛式的学问家；第二种人好比蚂蚁，堆积材料，但不会使用，这种人叫蚂蚁式的学问家；第三种人好比蜜蜂，采百花之精华，精心酿造，这种人叫蜜蜂式的学问家。教授先生，按培根的这种比喻，您觉得您属于哪种学问家呢？"这一番问话，使对方谈兴浓厚，最终成了非常要好的朋友。

5. 巧借"东风"法

三国时，诸葛亮能在赤壁一战中，一把火烧掉曹操几十万的大军，借的就是东风。如果电话销售人员能够敏锐发现身边的"东风"，并将之借用，往往能起到"四两拨千斤"的效果。如冰冰是国内一家大型旅行公司 G 的电话销售人员，她的工作是向客户推荐一张旅行服务卡，如果客户使用该卡去住酒店、乘坐飞机时，可获得折扣优惠。这张卡是免费的，她的任务是让客户充分认识到这张卡能给对方带来哪些好处，然后去使用它，这样就可以产生业绩。刚好她手里有一份从成都机场拿来的客户资料，看一下她是怎样切入话题的。电话销售人员："您好，请问是李经理吗？"客户："是的，什么事？"电话销售人员："您好，李经理，这里是四川航空公司客户服务部，我叫冰冰，今天给您打电话最主要是感谢您对我们川航一直以来的支持，谢谢您！"客户："这没什么！"电话销售人员："为答谢老顾客对我们公司一直以来的支持，公司特赠送一份礼品表示感谢，这礼品是一张优惠卡，它可以使您在以后的旅行中不管是住酒店还是坐飞机都有机会享受优惠折扣，这张卡是川航和 G 公司共同推出的，由 G 公司统一发行，在此，请问李经理您的详细地址是……？我们会尽快给您邮寄过来的。"客户："四川省，成都市……"

6. 老客户回访

老客户就像老朋友，一说出口就会产生一种很亲切的感觉，对方基本上不会拒绝。

如电话销售人员："王总您好，我是 G 旅行公司的小舒，您曾经在半年前使用过我们的会员卡预订酒店，今天是特意打电话过来感谢您对我们工作的一贯支持，另外有件事情想麻烦一下王总，根据我们系统显示您三个月都没有使用它，我想请问一下，是卡丢失了，还是我们的服务有哪些方面做得不到位？"王总："上一次不小心丢了。"从事销售的人都知道，开发一个新客户花的时间要比维护一个老客户的时间多 3 倍。据权威调查机构调查的结果显示，在正常情况下顾客的流失率将会在 30% 左右，为了减少顾客的流失率我们要时常采取客户回访方式与客户建立关系，从而激起客户重复购买的欲望。通常在做客户回访时电话销售人员可以采取交叉销售，给顾客介绍更多的产品，供客户选择。电话销售人员在客户回访时要注意以下几点：

（1）在回访时首先要向老客户表示感谢。

（2）咨询老客户使用产品之后的效果。

（3）咨询老客户没有再次使用产品的原因。

（4）如在上次的交易中有不愉快的地方，一定要道歉。

（5）让老客户提一些建议。

本节曾提到过"激起兴趣"是应用较多的一种方法，除上面提到的几种方法外，还有一些方法：

（1）提及对方现在最关心的事情。"李总您好，听您同事提到，您目前最头疼的事情是公司现在很难招到合适的人，是吗？"

（2）赞美对方。"同事们都说应该找您，您在这方面是专家。""我相信贵公司能够发展这么快，与您的人格魅力是分不开的。"

（3）提及他的竞争对手。"我们刚与××公司（目标客户的竞争对手）合作过，他们认为我们的服务非常好，所以我今天决定给你们一个电话。"

（4）引起他的担心和忧虑。"不断有客户提到，公司的销售人员很容易流失这一现象，这实在是一件令人担心的事情。""不少的客户提到他们的客户服务人员经常接到一些骚扰电话，很不好应对，不知王经理是如何处理这种事情呢？"

（5）提到你曾寄过的信。"前几天曾寄过一封重要的信/邮件给您……""我寄给您的信，相信您一定看过了吧！……"

（6）畅销品。"我公司产品刚推出一个月时间，就有 1 万个客户注册了……""有很多客户主动打电话过来办理手续……"

（7）用具体的数字。"如果我们的服务能让您的销售业绩提高30%，您一定有兴趣听，是吗？""如果我们的服务可以为贵公司每年节约 20 万元开支，我相信您一定会感兴趣，是吗？"

打电话前要事先准备与客户沟通的内容，并猜想客户的种种回应，以提高你的应变力，做到有问必答，达成良好的电话沟通效果。

技巧一 电话预约

（1）略施小计，绕过前台接线员。

（2）连环发问，为没时间的客户创造时间。

（3）捕捉需求外的需求，让客户把你当成自己人。

（4）化解客户隐藏的拒绝，把传真变成见面。

（5）不让客户在电话里说出"太贵了"三个字。

（6）电话约访客户常犯错误一：问不该问的问题。

（7）电话约访客户常犯错误二：不知道客户要什么，就告诉他你能做什么。

（8）拜访前，妙用电话让客户说话算话。

技巧二 兴趣开道

（1）抓住客户的逆反心理，用负面问题开场。

（2）用小道具开场，激发客户的好奇心。

（3）让客户看到你的价值，主动给你名片。

（4）善用提问摸透客户的真实想法。

（5）用你的专业智慧将小业务变成大生意。

（6）巧设圈套，锁定拍板人。

（7）欲擒故纵，让客户期待下一次见面。

（8）在客户防备心理最弱的时候，问出最关键的三个问题。

技巧三 一见钟情

（1）会议式营销，让客户从旁观者变成参与者。

（2）让客户的"樱桃树"为你的产品加分。

（3）开发客户想象力，让他爱上你的产品。

（4）利用客户逃避痛苦的心理，增加购买动力。

（5）用一张表格让客户说服自己。

（6）巧用参照物，让客户感觉真便宜。

（7）找准时机正确报价，不让客户和你对着干。

技巧四　占据主动

（1）先赞同后发问，让客户说出他的"难言之隐"。

（2）消除抵触心理，把客户的"不需要"变成"很需要"。

（3）用产品的差异点跑赢对手。

（4）三个绝招让客户感觉物超所值。

（5）怎样说客户不觉得你的产品贵。

（6）妙用演技把自己变成讨价还价高手。

（7）刨根问底，让客户没有反悔余地。

（8）投其所好，应对沉默型客户。

（9）"门把销售法"让生意起死回生。

技巧五　乘胜追击

（1）抓住成交信息，获得成交主动权。

（2）"无利润销售法"帮你打开市场局面。

（3）故意犯错，抓住客户的"小尾巴"。

（4）分解成本策略，给顾客足够的震撼。

（5）自暴其短，获得客户的信任。

（6）"不建议成交法"把客户变成死党。

（7）对客户说"不"，让客户乖乖听你的话。

（8）合同也能当作成交的工具。

（9）让客户成为你的兼职推销员。

三、产品营销策略

（一）让客户知道不只是他一个人购买这款产品

人都是有从众心理的，业务人员在推荐产品时适时地告诉客户一些与他情况相类似或相同的企业或公司都购买了这款产品，尤其是他的竞争对手购买的就是这款。这样不仅从心理上给他给震撼，而且还增强了购买的欲望。根据经验，这个公司在购买同一类型的产品时，肯定会买比竞争对手更高级的，也以此来打击对方出气。

（二）热情的销售员最容易成功

不要在客户问起产品时，就说我给你发一个报价，你看一下。除非是客户时间非常紧的情况下，你才会说发一份报价看看。那也应该在前面说，实在抱歉，本来要给您介绍产品的，这次可能让您自己看了。让客户时时感觉你就在他身边，让他感受到奔放的感情，如流铁一样在感炙着他。如果时间允许的话，就是客户没有需求，我们也应该真诚、热情地去接待他们，谁知道他是什么职位、什么背景；她没有需求，怎么知道她老公没有需求；他没有需求，怎么知道他朋友就没有需求？这是我做"汇仁肾宝"的朋友告诉我的。没错，我们应该有"广义客户论"——世人皆客户也。

（三）不要在客户面前表现得自以为是

很多做 HR 的客户对人事工作一知半解，我们更多接触到的，就是个前台文员或人事专员，有时会问些非常幼稚的问题，这个时候请一定不要自以为是，以为自己什么都懂，把客户当成笨蛋。很多客户都不喜欢那种洋洋得意，以为自己很聪明的业务员。要是客户真的错了，机灵点儿，让他知道其他人也经常在犯同样的错误，他只不过是犯了大多数人都容易犯的错误而已。注意倾听客户的话，了解客户的所思所想，有的客户对他希望购买的产品有明确的要求，注意倾听客户的要求，切合客户的需求将会使销售更加顺利。反之，一味地推销自己的产品，无礼地打断客户的话，在客户耳边喋喋不休，十有八九会失败。

（四）请明确你能够给客户提供什么样的服务

客户不但希望得到你的售前服务，更希望在购买了你的产品之后，能够得到良好的服务、持续不断的电话、节日的问候等。如果答应客户的事千万不要找借口拖延或不办，比如礼品、发票是否及时送出。不要在客户面前诋毁别人，纵然竞争对手有这样或者那样的不好，也千万不要在客户面前诋毁别人以抬高自己，这种做法非常愚蠢，往往会使客户产生逆反心理。同时不要说自己公司的坏话，在客户面前抱怨公司的种种不是，客户不会放心与一家连自己的员工都不认同的公司合作。

（五）当客户无意购买时，不要用旧销售伎俩施压

很多时候，客户并没有意向购买你的产品，这个时候是主动撤退还是继续坚韧不拔地向他销售？比较合适的做法是以退为进，可以转换话题聊点客户感兴趣的东西，或者寻找机会再次拜访，给客户一个购买的心理准备过程，千万不要希望能立刻一锤定音，毕竟这样的幸运是较少的。

（六）攻心为上，攻城为下

兵法有云：攻心为上，攻城为下。只有你得到了客户的心，他才把你当作合作伙伴，当作朋友，这样你的生意才会长久，你的朋友才会越来越多。做职业经理人的大哥告诉我，只有你把客户做成了朋友，你的路才会越走越宽；反之，只是昙花一现。攻心并不一定是大鱼大肉的应酬，锦上添花不如雪中送炭。平时过年过节的问候一下，足矣。

（七）坚定信念

1. 所接听或拨出的每通电话都是重要的

我们代表的是公司形象，对每一个用户都要抱着认真负责的态度，决不能敷衍；你的良好形象，建立在每一个电话里，你的事业和你的人脉（与客户建立的良好关系），会在你的每一个热忱的电话中悄悄拓展开来。在与用户的交流中，饱满的热情可以通过语言表达出来，但支持它的是一种敬业精神。

2. 电话的对方都是贵人或将成为贵人

你所接听或拨出的每通电话对方，都是你生命中的贵人或者将成为你生命中的贵人。关于贵人，有一个笼统的定义，即能改变你命运的人，能给你带来成功，能改变你的人脉关系的人。如果结合我们的工作，可以理解为：让你有成就感，对你的工作给予肯定，愿意接受并维持与你客户关系的人，都可以算为贵人。当前面临的一个问题就是：谁是贵人？是啊，我们每天接听、打出上百个电话，哪一位用户才是贵人呢？答案有两个：一个是"不知道"，另一个是"每一位用户都是贵人，所以我们必须重视每一个电话，把每一位用户都当作生命中的贵人，认真对待，热诚服务"。

3. 喜欢打电话的对方和自己的声音

要想赢得对方的信任，就要喜欢打电话的对方，同时善于揣摩用户讲的每一句话，表现出对用户的话感兴趣、认可和关心，流露出的是发自内心真心实意的感觉（注意：要让用户感觉到）。

世界上各种各样的爱，全部的爱，都是从喜欢自己开始的，都发源于对自己的爱。你如

果不喜欢自己打电话的声音，你的电话怎么能打好呢？要喜欢自己的声音，就要想办法把自己的声音调整到最动听、最悦耳、最动人的程度，做到语不惊人誓不休，语不动人誓不休。

（1）假如用户讲话的声音很爽朗、很热情，而你的声调却低沉，声音微弱，你觉得协调吗？用户感觉会好吗？

（2）假如对方讲话很温和，很文雅，很有礼貌，而你的讲话却简单生硬，你觉得你们之间协调吗？

（3）假如对方讲话很快，思路很敏捷，而你却慢条斯理，反应迟钝，半天才回应一句，你认为你们之间很协调吗？

（4）假如对方讲话很慢，而你讲话快得犹如爆米花，令人"耳"不暇接，你认为效果会怎样？

4. 我下一通电话比上一通电话都有进步

谁也不能保证每一通电话都能促成成交，但我们能从每一通电话中不断总结和提高，如学识、导购技能、对用户购买心理的了解、处理问题的态度等。因我帮助他人成长，所以我打电话给他推销产品不是我主要的目的，重要的是我向用户推销了快捷优质的服务，节省用户的时间，帮助用户做好参谋。感动自己，感动别人，我充满热忱，我会自己感动，一个感动自己的人，就能感动别人。热忱是一种意识状态，能够鼓舞人的斗志。热忱会让你的整个身体充满活力，释放出潜意识的巨大力量，支持你不会疲倦；热忱是成功的源泉，你的意志力，追求成功的热情越强，成功的概率就越大。

5. 我会成为电话营销的顶尖高手

人类的想象力很伟大。正如过去渴望拥有翅膀的人类真正做出了翅膀，创造出可以飞往各地的交通工具一样。想象力能使你的一部分愿望变成现实。在做每一项工作之前都要树立信心，要有"不服输，做最好"的精神。当你决心"一定要成为电话营销高手"时，就说明你已经成功了一半，另一半是不断地努力，让梦想成真。

6. 没人会拒绝我

没有人会拒绝我，所谓的拒绝只是等于他不够了解，或我推介的角度不是最好。在导购过程中，有时会遭到顾客拒绝，如婉转地拒绝："以后再说"，直接地拒绝："我不买、不需要，别耽误我的时间了"等。面对拒绝，你或许有些失望和沮丧，但你同时要清楚，在营销过程中遭遇拒绝是很正常的现象，不要因此有失败感。要善于总结，考虑一下用户拒绝的原因；回顾一下导购中是不是没有发挥出最佳水平，譬如产品的哪些优势介绍得不到位，没有吸引顾客等。只有善于从失败中总结的人，才会不断提高。

计算机基础知识

任务一　概述

一、计算机的概念

电子计算机（Digital Computer）是一种能够按照指令对各种数据和信息进行自动加工和处理的电子设备，简称计算机（Computer）。又由于电子计算机能够模仿人脑的功能，如记忆、分析、判断、推理等，所以人们又形象地把它称为"电脑"。电子计算机诞生于20世纪中叶，是人类最伟大的技术发明之一，它的出现和广泛应用把人类从繁重的脑力劳动中解放出来，提高了社会各个领域中信息的收集、处理和传播速度与准确性，直接促进了人类向信息化社会的迈进。

二、计算机的应用领域

计算机以其速度快、精度高、能记忆、会判断、自动化等特点，经过短短几年的发展，其应用已经渗透到人类社会的各个方面，从国民经济各部门到生产和工作领域，从家庭生活到消费娱乐，到处都可见计算机的应用成果。因此，计算机应用能力已经成为人们必备的基本能力之一。

总的来讲，计算机的应用领域可以归纳为5大类：科学计算、信息处理、过程控制、计算机辅助设计/辅助教学和人工智能。

1. 科学计算

科学计算（Scientific Calculation）又称数值计算，是计算机应用最早的领域。在科学研究和工程设计中，经常会遇到各种各样的计算问题，例如，我国嫦娥一号卫星从地球到达月球要经过一个复杂的运行轨迹，为设计运行轨迹要进行大量的计算工作。计算机具有运算速度快、精度高的特点，以及能够按指令自动运行、准确无误的运算能力，可以高效率地解决上述这类问题。

2. 信息处理

信息处理（Information Processing）是指用计算机对信息进行收集、加工、存储、传递等工作，其目的是为有各种需求的人们提供有价值的信息，作为管理和决策的依据。例如，人口普查资料的统计、股市行情的实时管理、企业财务管理、市场信息分析、个人理财记录等。计算机信息处理已广泛应用于企业管理、办公室自动化、信息检索等诸多领域，成为计算机应用最活跃、最广泛的领域之一。

3. 过程控制

计算机过程控制（Process Control）是指用计算机对工业过程或生产装置的运行状况进行检测，并实施生产过程自动控制。例如，用火箭将嫦娥一号卫星送上月球的过程，就是一个典型的计算机控制过程。将计算机信息处理与过程控制有机结合起来，能够实现生产过程自动化，甚至能够出现计算机管理下的无人工厂。

任务二　微型计算机的组成

一台完整的计算机应该包括硬件系统和软件系统两部分，计算机硬件（Hardware）是指那些由电子元器件和机械装置组成的"硬"设备，如键盘、显示器、主板等，它们是计算机能够工作的物质基础。计算机软件（Software）是指那些在硬件设备上运行的各种程序、数据和有关的技术资料，如 Windows 操作系统、数据库管理系统等。没有软件的计算机称为"裸机"，裸机无法工作。

一、计算机硬件系统

计算机采用冯·诺依曼（Von Neumann）体系结构，其硬件系统由运算器、控制器、存储器、输入设备和输出设备 5 个基本部分组成。运算器和控制器构成计算机的中央处理器（Central Processing Unit，CPU），CPU 与内存储器构成计算机的主机，其他外存储器、输入和输出设备统称为外部设备。

1. CPU

CPU 是一个超大规模集成电路芯片，它包含运算器和控制器的功能，因此 CPU 又称微处理器（MPU）。运算器（Arithmetic Unit）也称算术逻辑单元（Arithmetic Logic Unit，ALU）。目前，CPU 的型号很多，主流产品是 Intel 系列、AMD 系列等。CPU 的主要技术指标如下：①字长。②主频。③整数和浮点数性能。④高速缓冲存储器。

2. 存储器

计算机的存储器分为主存储器（内存）、外存储器（外存）、Cache 三种。

内存分为只读存储器（ROM）和随机存储器（RAM）两种，ROM 存放固定不变的程序和数据，关机后不会丢；RAM 用来在计算机运行时存放系统程序、应用程序、数据结果等，关机后内容消失。在计算机系统中，内存容量主要由 RAM 的容量来决定，习惯上将 RAM 直接称为内存。

外存也叫辅助存储器。常用的外存有硬盘、光盘、软盘、移动存储器等。它们使用时都是由驱动器、控制器和盘片三部分完成。盘片用来存储信息，驱动器完成对盘的读或写和其他的操作，控制器完成盘与内存之间的数据交换。存储容量的单位用 B（字节 Byte）、KB（千字节）、MB（兆字节）、GB（吉字节）来表示，1GB = 1024MB，1MB = 1024KB，1KB = 1024B。

3. 输入设备

输入设备（Input Equipment）用于向计算机输入程序和数据。它将程序和数据从人们习惯的形式转换成计算机能够识别的二进制代码，并放在内存中。常见的输入设备有键盘、鼠标、扫描仪、摄像头等。

4. 输出设备

输出设备（Output Equipment）将计算机内以二进制代码形式存储的数据转换成人们习惯的文字、图形、声音等形式并输出。常见的输出设备有显示器、打印机、绘图仪等。

5. 其他 I/O 设备

除以上微机系统中最常用的输入/输出设备之外，在多媒体应用环境下还需要摄像头、投影仪等设备，以及麦克风、音箱、手写板、触摸屏等更加适合人们习惯的输入/输出设备。

二、计算机软件系统

软件是指那些在硬件设备上运行的各种程序、数据和有关的技术资料。软件系统是指各种软件的集合，软件系统可分为系统软件（System Software）和应用软件（Application Software）两大类。

1. 系统软件

系统软件是为了提高计算机的使用效率，对计算机的各种软、硬件资源进行管理的一系列软件的总称。系统软件有操作系统、语言处理软件、数据库管理系统、服务程序等几大类。

2. 应用软件

应用软件是指为解决计算机用户的特定应用而编制的软件，它运行在系统软件之上，运用系统软件提供的手段和方法，完成人们实际要做的工作。例如，财务管理软件、文字处理软件、绘图软件、信息管理软件等。

任务三　Windows XP 的基本操作

一、认识 Windows XP

1. Windows XP 桌面的构成

所有的程序、窗口和图标都是在桌面上显示和运行的。

（1）开始菜单：几乎可以运行电脑中所有的应用程序。

（2）任务栏：显示任务，当按钮太多而堆积时，Windows XP 通过合并按钮使任务栏保持清洁。

（3）图标。图标是 Windows 操作系统的重要特征。操作系统将各个复杂的程序用一个个生动形象的小图片来表示，可以很方便地通过图标辨别程序和类型。

1）操作系统图标。

我的电脑　网上邻居　我的文档　回收站　IE浏览器

2）快捷方式图标：是一个可快速打开文件、文件夹、磁盘驱动器、网页、打印机等的链接。

我的文档　　WINRAR　　WinZip

快捷方式图标的左下方带有一个小的箭头符号，如果用户要在桌面上创建某个文件的快捷方式图标，可以在该文件图标上单击鼠标右键，然后选择"发送到"，再从子菜单中选择"桌面快捷方式"。

（4）窗口：窗口是最常用的交互界面。

（5）对话框：是一种特殊的窗口，当所选择的操作需要作进一步的说明才执行时，就会弹出对话框。

2. 开始菜单的操作及说明

（1）启动开始菜单。

（2）开始菜单的组成。

（3）定制开始菜单。

3. 任务栏的操作

（1）任务栏包括开始菜单、时间指示器、语言指示器和可以显示任务的区域。

（2）可以改变任务栏的大小和位置。要调整任务栏的高度，可通过拖拽任务栏的边框来调整，最大能达到显示屏幕的一半左右。

要移动任务栏的位置，可以将鼠标放到任务栏的空白处，按住鼠标左键不放，此时就可以将任务栏拖拽到桌面的四周了。

（3）任务栏的设置。用鼠标右键单击"开始"按钮，选择"属性"，或者在任务栏的空白处单击鼠标右键，选择"属性"，打开"任务栏和'开始'菜单属性"设置对话框。然后选择"任务栏"选项卡。

二、窗口和菜单的基本操作

1. 窗口的基本组成及说明

一个典型的窗口一般由如下几个部分组成（在此以"我的电脑"窗口为例）。

（1）标题栏：位于窗口的最顶端，上面的文字标明了窗口中程序的名称。

（2）系统菜单：位于窗口的左上角，通常是一个小图标，单击即可弹出。

（3）"最大化"按钮▣：单击该按钮，窗口会充满整个屏幕，挡住桌面上所有的内容，此时最大化按钮会变成【还原】按钮▣。

（4）"最小化"按钮▬：单击该按钮，窗口会被最小化，即隐藏在桌面任务栏里。再次单击隐藏在任务栏上的任务时，就可以把窗口还原到原来的大小。

（5）"还原"按钮▣：当窗口充满整个屏幕时，将显示该按钮▣，单击它则会将窗口恢复到最大化前的状态。

（6）"关闭"按钮：单击该按钮，结束应用程序，关闭当前窗口。

（7）应用程序菜单栏：包含了应用程序窗口提供的菜单命令。

（8）工具栏：位于菜单栏的下面，以快捷的形式集成了用户经常使用的一些命令。

（9）窗口工作区：应用程序提供的各种信息及窗口的输入、输出都在窗口工作区进行。

（10）滚动条：当窗口中要显示的内容比工作区大时，工作区就会显示内容的一部分，这时窗口就会出现滚动条，滚动条分垂直滚动条和水平滚动条两种，分别位于窗口的右侧和下侧。

（11）状态栏：位于窗口的底部，描述了程序的运行状态。

2. 窗口的基本操作

改变窗口的大小、移动窗口、关闭窗口。

3. 菜单的类型

在 Windows XP 中有三种类型的菜单：系统菜单、应用程序菜单和快捷菜单（又叫弹出菜单）。快捷菜单：在不同的位置单击鼠标右键，就会弹出与该位置相关的快捷菜单。快捷菜单中记录了一些与当前位置或当前对象相关的最常用的命令。

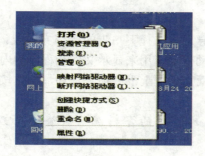

鼠标右键单击"我的电脑"出现的快捷菜单

4. 菜单的说明

下面以 Word 的"编辑"菜单为例，对菜单进行说明。

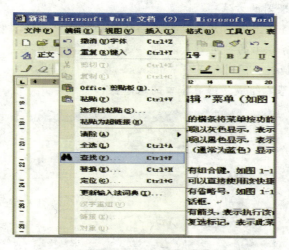

Word 的"编辑"菜单

5. 菜单的操作

（1）打开和关闭菜单。

（2）选择菜单命令。

6. 对话框操作

对话框是 Windows XP 操作系统与用户交互信息的一种有效途径，是需要用户输入信息进行交互式操作的特殊窗口。执行所有带有"…"的菜单和命令按钮都将弹出对话框。

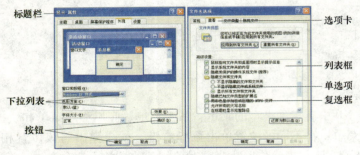

标题栏 选项卡

列表框

下拉列表 单选项
复选框

按钮

"页面设置"对话框

7. 对话框和窗口的区别

对话框的作用是用来引导用户选择下一步的操作方式或请用户输入一些必要的信息。窗口则是放置在桌面上的活动框架，用来显示文件和程序的内容。窗口可以改变大小，而对话框的大小不能改变，因而对话框上没有最大化和最小化按钮。

【案例】 我的资料库——资源管理器

"资源管理器"是 Windows XP 用来管理文件的窗口，所有的文件都可以在资源管理器中找到。利用"资源管理器"可以很方便地显示文件系统的树型结构和文件夹中的文件，并且在这个窗口里对文件的操作也很方便。

具体操作步骤如下：

（1）进入资源管理器的方法：

方法一：单击任务栏上的"开始"菜单→程序→附件中选择"资源管理器"。

方法二：右击任务栏上的"开始"按钮→选择"资源管理器"。

方法三：使用快捷键，同时按下"Windows"按键 + "E"。

（2）了解窗口的基本组成，练习窗口的基本操作。

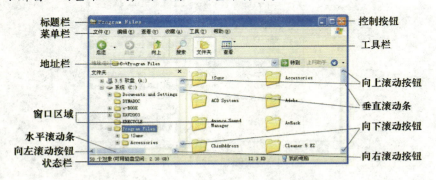

标题栏 控制按钮
菜单栏
工具栏
地址栏
向上滚动按钮
窗口区域 垂直滚动条
向下滚动按钮
水平滚动条
向左滚动按钮 向右滚动按钮
状态栏

（3）在文件夹树状结构中，一些文件夹的左侧带有一个"＋"号，这表示在该文件夹中还含有子文件夹。单击"＋"号（或双击文件夹），可以在目录区中展开该文件夹内的下一级文件夹。此时，该文件夹左侧的"＋"号会变成"－"号。而单击"－"号（或双击文件夹），又可以将该文件夹的层次结构还原成原先的状态。

（4）将鼠标指针指向目录区和文件区之间的窗口分割条，使鼠标指针变为左右双向箭头，然后按住鼠标左键，左右拖动分割条，可以改变目录区和文件区的大小。

任务四　Windows XP 的文件操作

一、初识文件及文件夹

操作要点：

1. 什么是文件

概念：文件是具有某种相关信息的集合，在电脑中，是最基本的存储单位。

2. 文件命名

格式：一般为"主文件名 . 扩展名"。扩展名用于说明文件的类型。

Windows XP 部分文件类型图标

图标	扩展名	类型	图标	扩展名	类型
	. doc	Word 文档文件		. exe	Dos 应用程序
	. xls	Excel 文档文件		. swf	Flash 影片文件
	. txt	文本文档		. mov	视频文件
	. html	网页文档文件		. avi	声音影像文件
	. jpg	压缩图像文件		. gif	压缩图像文件
	. psd	PhotoShop 图像文件		. rar	WinRAR 压缩文件
	. bmp	位图文件		. zip	WinZip 压缩文件

3. 什么是文件夹

概念：操作系统就使用文件夹的概念让用户管理自己的文件。

作用：可以根据自己的需要分门别类地建立不同的文件夹来组织电脑的文件。

文件夹里除了包含文件外，还可以包含文件夹，并且文件夹可以嵌套很多层。

提示：与文件相同，Windows 也是通过名称来管理文件夹的，只不过文件除了文件名之外还有一个标识文件类型的扩展名，而文件夹一般都没有扩展名。

4. 什么是文件系统

【案例】认识和使用文件夹

使用"我的电脑"或"资源管理器"管理文件或文件夹。让学生能够充分认识文件及文件夹。

（1）双击桌面上"我的电脑"图标，打开"我的电脑"窗口。

在"我的电脑"中一些图标的含义：

√ 系统〔C:〕：硬盘驱动器的图标。为了便于管理硬盘，一般都将其分成多个区域，称之为硬盘分区。Windows将每一个硬盘分区视为一个独立的驱动器，并分别设置驱动器号。通常设置一个主分区（驱动器号为C:，俗称C盘），用于存储一些重要的系统文件和系统信息，其他的硬盘分区称为扩展分区，驱动器号紧排在C:之后，可能为D:、E:、F:……整个磁盘就像一栋大楼，而磁盘就像每层单独的楼层，每层楼又有不同的房间，那就是文件夹。

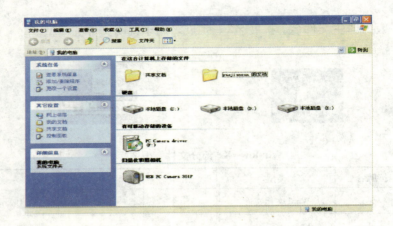

√ CD驱动器〔G:〕：光盘驱动器的图标。CD驱动器号排在最后一个硬盘驱动器号之后，如最后一个硬盘驱动器号为G:，其便是H:。

（2）关闭"我的电脑"。单击 开始 按钮，打开"开始"菜单，在"所有程序"→"附件"子菜单中选择"Windows资源管理器"选项，用鼠标单击即可打开"资源管理器"窗口。

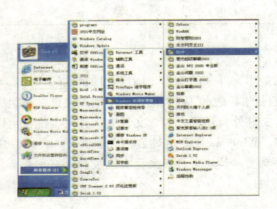

（3）"资源管理器"中的"查看"菜单提供了5种窗口内容的查看模式，直接选择"缩略图"、"平铺"、"图标"、"列表"和"详细信息"命令，即可切换查看模式。也可以在空白处右键单击选择"查看"方式。

（4）进入"我的文档"的图片收藏文件夹中，用缩略图的方式查看图片。

（5）以平铺、图标、列表和详细信息等方式显示C盘中的文件及文件夹。

（6）当以详细信息方式显示时，可以查看到文件或文件夹的图标的名称、大小、类型和修改日期，其图标无法移动。在当前状态下可单击"大小"及"修改日期"为关键字进行升序或降序的文件列表排序。

二、文件及文件夹的基本操作

操作要点：

1. 选择文件或者文件夹

1）选择单个：单击即为选中。

2）不连续选定：按住 Ctrl 键，然后单击所需的每项。

提示： 对文件或文件夹进行任何操作，都要先选定文件或文件夹。

2. 重命名文件或文件夹（快捷键 F2）

（1）单击选中要重新命名的文件或文件夹。

（2）在"文件和文件夹任务"下单击"重命名此文件"或"重命名此文件夹"。

（3）键入新的名称，然后按 Enter 键。

（4）也可以通过右键单击文件或文件夹，然后单击"重命名"来更改文件或文件夹的名称。

提示： 不能更改系统文件夹的名称，如"Documentsand Settings"，Windows 或 System32，它们是正确运行 Windows 所必须的。有些程序不能解释很长的文件名，不支持长文件名的程序仅限于八位字符。

3. 查找文件或文件夹

（1）单击"开始"，然后单击"搜索"。

（2）单击"所有文件和文件夹"。

（3）键入该文件或文件夹的全名或部分名称，或者键入文件中所包含的词或短语。

（4）在"搜索范围"中，单击想要寻找的驱动器、文件夹或网络。

（5）单击"搜索"。

提示： 如果查找结果过多，可以尝试使用附加搜索条件以使搜索更具针对性。

4. 移动文件或文件夹

（1）选择要移动的文件或文件夹。

（2）在"文件和文件夹任务"中，单击"移动此文件"或"移动此文件夹"。

（3）在"移动项目"中单击文件或文件夹的新位置，然后单击"移动"。

（4）或者通过 Ctrl + X/Ctrl + V。

（5）或者通过拖动的方法：找到要移动的文件或文件夹（确保要移动的文件或文件夹的目标位置是可见的。例如，如果要将"我的文档"文件夹中的文件移动到桌面，则可能需要调整"Windows 资源管理器"的大小，使得桌面可见），将文件或文件夹拖动到目标位置。

5. 复制文件或文件夹

（1）首先选中要复制的一个或多个文件或文件夹。

（2）在"文件和文件夹任务"下，单击"复制此文件"或"复制此文件夹"。

（3）在"复制项目"中，选择想要复制到的目标驱动器或文件夹，然后单击"复制"。

（4）或者通过 Ctrl + C/Ctrl + V。

6. 删除文件或文件夹

（1）删除文件及文件夹的方法。首先找到要删除的文件或文件夹，选中要删除的文件或文件夹。

1）在"文件和文件夹任务"下单击"删除此文件"或"删除此文件夹"。

2）直接单击右键，选择删除。

3）直接拖到回收站。

4）选择文件菜单下选择删除命令。

（2）从回收站中恢复被删除文件或文件夹。如果被删除的文件或文件夹小于"回收站"的剩余容量，一般将它们暂时存放在"回收站"中。这些被删除文件还可以通过"回收站"还原到原来的位置。

（3）清空回收站中被删除的文件或文件夹。通常用户删除的文件并没有真正的删除，而是被移动到了回收站中，当发现删除的文件还有用时，可以随时从回收站中将其还原。如果确认删除的文件没有用，可以清空回收站，将文件彻底删除，不能恢复。

（4）永久性地删除文件和文件夹

7. 设置文件或文件夹的属性

每个文件和文件夹都有自己的属性，在"我的电脑"或"资源管理器"中选中需要设置或查看属性的文件或文件夹，单击鼠标右键，从弹出的快捷菜单中单击"属性"选项，便会弹出该文件的属性对话框。属性对话框主要包含一些文件的基本信息，如文件的类型、大小、位置、创建时间，还有文件的三个属性，如"只读"、"隐藏"、"存档"。

【案例】文件与文件夹

（1）在 D 盘根目录下建立一个文件夹，命名为"张三"。

（2）按住 Ctrl 键拖动已建立好的文件夹两次，分别出现两个名为"复件张三"和

"复件复件张三"文件夹。

（3）分别将复制出的两个文件夹选中右键单击或 F2 重新命名为"学习"和"工作"。

（4）在"学习"文件夹中建立一个文本文件，命名为"考试"。

（5）将"考试"文本文件复制一份到"工作"文件夹中，重命名为"上机考试"。

（6）按住"学习"文件夹，拖动到"张三"文件夹上松开，此时将"学习"文件夹移至"张三"文件夹中。

（7）复制"张三"和"工作"文件夹到桌面上。

（8）右单击"工作"文件夹选择"删除"命令，放到"回收站"。

（9）拖动"工作"文件夹到桌面上的"回收站"图标上，放入回收站。

（10）双击打开"回收站"，可以右键单击"工作"文件夹，选择还原，回桌面看是否真正还原。

任务五　办公软件简介

办公软件指可以用于文字处理、表格制作及处理、幻灯片制作、图形图像处理、简单数据库处理等方面工作的软件。办公软件的应用范围很广，大到社会统计小到会议记录，数字化的办公离不开办公软件的协助，很多工作岗位都要求必须能熟练使用办公软件。常用办公软件有微软 Office 系列、金山 WPS 系列。本教材着重介绍微软 Office 系列中的 Word 及 Excel。

一、Microsoft Office Word

Word 是目前使用最广泛的文字处理程序，也是 Office 系列的核心程序。

Word 提供了许多方便易用的工具，使我们能够迅速地创建出常用的文档，它还拥有丰富的功能，使我们能创建出复杂而美观的文档。

1. 常用文档的制作

（1）打开 Microsoft Office Word 2007。

（2）录入以下文字。

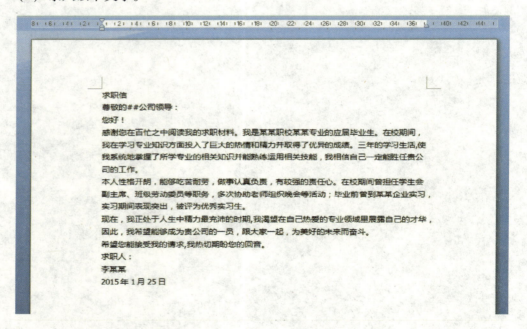

（3）选定标题，设字体为黑体，字号为小三，加粗，对齐方式为居中。

（4）选定正文，设字体为楷体，字号为小四。

（5）选定正文，打开段落对话框，设特殊格式为首行缩进 2 个字符；设行距为 1.5 倍行距。

（6）选定落款，设为右对齐。

（7）选定标题，打开段落对话框，设段前为 1 行，段后为 1 行。

（8）保存文档。

求职信

尊敬的##公司领导：

　　您好！

　　感谢您在百忙之中阅读我的求职材料。我是某某职校某某专业的应届毕业生。在校期间，我在学习专业知识方面投入了巨大的热情和精力并取得了优异的成绩。三年的学习生活，使我系统地掌握了所学专业的相关知识并能熟练运用相关技能，我相信自己一定能胜任贵公司的工作。

　　本人性格开朗，能够吃苦耐劳，做事认真负责，有较强的责任心。在校期间曾担任学生会副主席、班级劳动委员等职务，多次协助老师组织晚会等活动；毕业前曾到某某企业实习，实习期间表现突出，被评为优秀实习生。

　　现在，我正处于人生中精力最充沛的时期，我渴望在自己热爱的专业领域里展露自己的才华，因此，我希望能够成为贵公司的一员，跟大家一起，为美好的未来而奋斗。

　　希望您能接受我的请求，我热切期盼您的回音。

求职人：

李某某

2015 年 1 月 25 日

2．文档的美化

（1）新建文档。

（2）录入以下文字。

蝴蝶一般色彩鲜艳，身上有好多条纹，色彩比较丰富，翅膀和身体有各种花斑，头部有一对棒状或锤状触角。最大的蝴蝶展翅可达 28-30 厘米左右，最小的只有 0.7 厘米左右。
全球有记录的蝴蝶总数大约有 20000 种，中国约占 2153 种。蝴蝶的数量以南美洲亚马逊河流域出产最多，其次是东南亚一带。世界上最美丽、最有观赏价值的蝴蝶，也多出产于南美的巴西、秘鲁等国。而受到国际保护的种类，多分布在东南亚，如印度尼西亚、巴布亚新几内亚等国。
在同一地区、不同海拔高度形成了不同湿度环境和不同的植物群落，也相应形成很多不同的蝴蝶种群。中国的云南省就是一个很好的例子。在亚洲的中国、印度、台湾和海南也以蝴蝶品种繁多而著名。

（3）插入艺术字，选择样式 17。

（4）调整艺术字的位置：将艺术字的格式设为"四周型环绕"，用鼠标将艺术字拖拽至合适的位置。

（5）选定正文，设字体为楷体，字号为小四。

（6）选定正文，打开段落对话框，设行距为固定值 25 磅，特殊格式为首行缩进 2字符。

（7）插入图片，调整图片的大小及位置。

（8）保存文档。

3. 表格的制作

（1）新建文档。

（2）录入表格标题"课程表"，设字体为黑体，字号为二号，对齐方式为居中。

（3）连击几次回车键，插入几个空行；选定空行，设字体为楷体，字号为小四。

（4）在空行处插入表格，行数为 10，列数为 6。

（5）调整表格的大小及位置。

（6）录入文字。

（7）选定第六行的所有单元格，在选定区域内单击鼠标右键，在弹出的右键菜单上单击"合并单元格"。

课程表

	星期一	星期二	星期三	星期四	星期五
第一节	语文	数学	英语	数学	英语
第二节	语文	物理	英语	数学	政治
第三节	英语	化学	生物	物理	生物
第四节	体育	音乐	书法	化学	语文
午休					
第五节	计算机	口语	音乐	地理	劳动
第六节	计算机	体育	历史	口语	劳动

合并单元格

（8）合并第一列的最后两个单元格，输入文字"晚自修"。

（9）选定第一行，设文字的字号为四号，字体为仿宋，加粗；选定第一列，文字的字号为四号，字体为仿宋，加粗。

（10）选定所有单元格，在选定区域单击鼠标右键，把鼠标移向右键菜单中的"单元格对齐方式"，单击下一级菜单中的"水平居中"按钮，表格中所有的文字即可处于单元格的中心位置。

（11）选定第一行，设底纹为水绿色；选定第一列除第一个单元格外的所有单元格，设底纹为浅黄色；选定第六行，设底纹为浅黄色。

（12）保存文档。

课程表

	星期一	星期二	星期三	星期四	星期五
第一节	语文	数学	英语	数学	英语
第二节	语文	物理	英语	数学	政治
第三节	英语	化学	生物	物理	生物
第四节	体育	音乐	书法	化学	语文
午休					
第五节	计算机	口语	音乐	地理	劳动
第六节	计算机	体育	历史	口语	劳动
晚自修	自习	自习	自习	自习	休息
	自习	自习	自习	自习	休息

设置底纹

二、Microsoft Office Excel

Excel 是微软办公套装软件的一个重要组成部分，它可以进行各种数据的处理、统计分析和辅助决策操作，广泛地应用于管理、统计、财经、金融等众多领域。成绩统计表的制作过程如下：

（1）打开 Microsoft Office Excel 2007。

（2）在相应的单元格录入文字和数据。

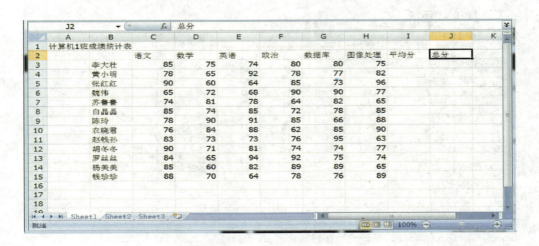

（3）在 A3 单元格录入数字"1"，选定该单元格，将鼠标置于单元格的右下角填充柄上，沿着 A 列拖拽鼠标至表格末尾，释放鼠标，单击按钮，选择"以序列方式填充"。

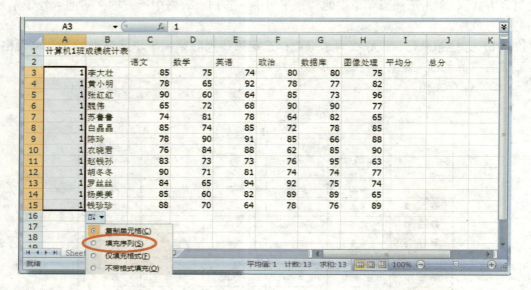

（4）统计总分。

1）单击第 1 条记录"总分"所在的单元格。

2）单击求和按钮。

3）选定需要求和的各科成绩。

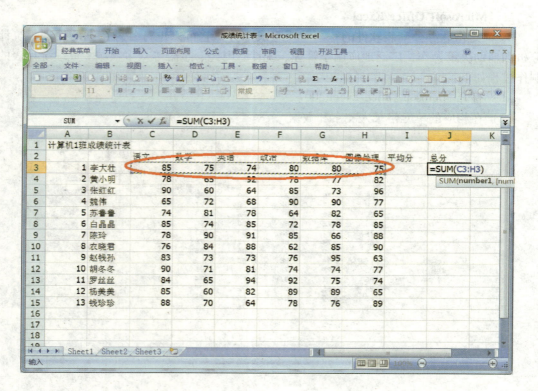

4）按下回车键，即可看到统计结果。

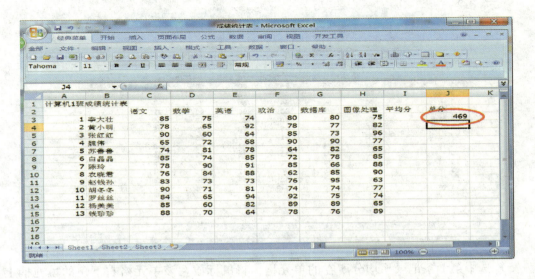

5）选中第 1 条记录总分所在的单元格，将鼠标放在该单元格右下角的填充柄上，沿着该单元格所在的列向下拖拽至最后一条记录，即可完成所有记录的总分统计。

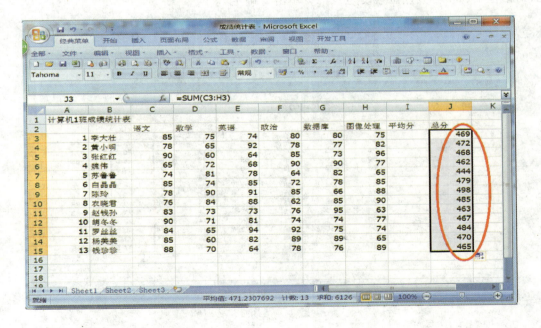

（5）统计平均分。

1）单击第 1 条记录"平均分"所在的单元格。

2）单击"平均值"按钮。

3）选定需要求平均分的各科成绩。

4）按下回车键，即可看到统计结果。

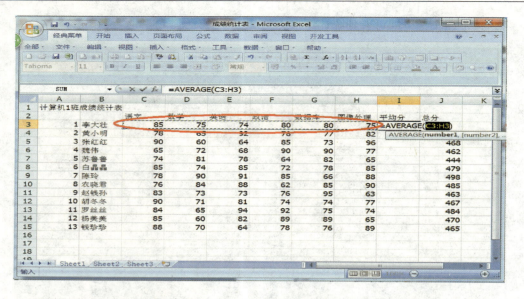

5）选中第1条记录平均分所在的单元格，将鼠标放在该单元格右下角的填充柄上，沿着该单元格所在的列向下拖拽至最后一条记录，即可完成所有记录的平均分统计。

6）设置小数点的位数：选中要设置的区域，单击设置单元格格式，在设置单元格格式对话框中，将小数点位数设为"1"，单击"确定"。

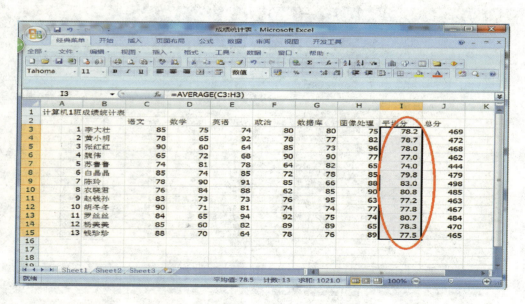

7）保存工作表。

第六单元

物流服务与管理专业

认识专业

一、概述

物流服务与管理是指在社会生产过程中，根据物质资料实体流动的规律，应用管理的基本原理和科学方法，对物流活动进行计划、组织、指挥、协调、控制和监督，使各项物流活动实现最佳的协调与配合，以降低物流成本，提高物流效率和经济效益。现代物流管理是建立在系统论、信息论和控制论的基础上的。

二、专业特点

（1）操作性。物流管理属运营管理的范畴，其操作流程灵活性大，标准化程度相对较低，因此，对物流管理人员来说，了解并熟悉这些操作流程是十分重要的。只有熟悉这些操作流程，才能进行有效管理，才能通过管理进行改进，提高效率。因此，从大学物流管理专业毕业的学生，在从事物流管理的具体工作时，还有一个比较长的再学习过程。

（2）要有系统性思维。大多数物流业务涉及诸多环节，例如库存管理，涉及货物的验收、入库、库位管理、出库、配货等，如果包括采购和配送，环节就更多了，在这么多的环节中，只要有一个环节没做好，整个物流业务都会受到影响，成本效率都没有保障，因此，系统地考虑各环节，平衡各环节的工作方式十分重要。

（3）要有资源整合观念。降低物流成本的一个非常重要的手段是资源整合，这方面的一个非常明显的例证就是通过整合减低车辆的空驶率。资源整合观念也可以说是系统思维的延伸。

（4）要有网络概念。现代物流的发展，很重要的一个特征是建设物流网络，物流网络的形成，对改善物流效率，整合物流资源具有实质性的作用，也是物流企业的竞争法宝。

（5）要善于应用现代信息技术。实际上，现代物流的发展离不开信息技术，没有现代信息技术的飞速发展和商业化的应用，就不可能有现代物流。以上是针对物流管理这个专业所具备的特点，提出的一些基本看法。从制造业和商贸业看，物流管理最基本的作用应该是支持产品的市场营销和商品交易，使得商品能及时送达客户，因此，制造业和商贸业这些企业的物流部门，不能单纯看成是一个成本中心，也不能单纯作为降低成本的主要方面，更多地应被看成是支持市场营销、增强企业竞争力的强大武器。

三、培养目标

本专业培养物流行业专业技术人才，具有团队合作精神；德、智、体、美、劳全面发展，身心健康，具有良好的职业道德和素质，具备本专业相适应的文化知识，掌握本专业基本知识与基本技能，能够到企业当中无须培训直接可以从事信息员、仓管员、操作员、叉车司机等工作。

四、主要专业课程设置

（1）文化基础课：德育、语文、数学、英语、计算机基础、体育。

（2）专业理论和实践课：电子商务、现代物流基础、物流配送实务、物流客户服务、物流法律法规、物流运输管理实务、贸易实务、市场营销、会计基础、物流设施与设备操作管理实务、物流信息技术，物流地理等。

五、在校三年获取的证书

（1）基础证书。普通话证书、硬笔书法4级等。

（2）专业证书。仓管员证书、单证员证书、物流员证书、计算机四级等。

（3）就业范围与机会。制造企业、物资流通企业、工矿企业、商贸企业、交通运输、建筑工程行业以及物资采购、物资流通、物资保管、物资销售等业务工作。

可从事的工作有：①仓库管理员。②店长。③仓库主管。④物流专员。⑤物流经理。⑥仓管员。⑦物流专员助理。⑧销售经理。⑨销售代表。⑩采购经理。⑪物流主管。⑫生产主管。

六、就业前景与行业分析

目前，物流专业人才已被列为我国12类紧缺人才之一。据智联招聘最新发布的网上人才招聘的数据显示，我国本科以上物流人才的年需求量为30万~40万人，而目前各类大专院校物流专业年培养规模在5000人左右，物流规划咨询、物流外向型国际、物流科研这三种人才在业内最为缺乏。

物流被业界称为"第三利润源"、被媒体称为"21世纪最大的行业"、被老百姓称为"金饭碗"。那么，撑起这个"金饭碗"的物流专业人士们的身价究竟有多高？数据显示，在物流业相对比较发达的北京、上海、广州、深圳四地，储运经理年薪中位数在10万~12.7万元，高位数在21万~26万元；进出口事务主管（商务职能）年薪中位数在5.8万~6.6万元，高位数在8.1万~9.5万元；而一般的物流管理员（IT行业）年薪中位数则在5.3万~6.2万元，高者能达到17万~20万元。

七、升学与就业实例

（一）升学

（1）何玉春，女，原百川物流1班学生，2014年参加对口升学，现就读于广西机电职业技术学院，全日制大专生，接受高职教育，提高综合素质，提高就业概率。

（2）陆鎏，男，原百川物流2班学生，2015年参加对口高考，成绩优异，顺利考上桂林电子科技大学，成为一名全日制本科生。

（3）黄福春，女，百川物流3班学生，2016年参加对口高考，成绩优异，顺利考上钦州学院，成为一名全日制本科生。

（4）潘小惠，女，百川物流3班学生，2016年参加对口高考，成绩优异，顺利考上钦州学院，成为一名全日制本科生。

（5）黄秀艳，女，百川物流3班学生，2016年参加对口高考，成绩优异，顺利考上钦州学院，成为一名全日制本科生。

（二）就业

（1）罗金荣，女，原百川物流1班学生，2013年参加成人高考，顺利取得升学资格，在广西师范学院进行脱产（函授）学习，并于2015年7月获得广西师范学院成人教育大专毕业证书，现于广西交通投资集团隆林收费站任收费员一职，工资待遇：2600元/月，购买五险一金，包食宿，专车接送。

（2）谭秀乐，女，原百川物流1班学生，2014年在广亚铝业有限公司实习，其间参加成人高考，取得升学资格，在东北财经大学（佛山分校）函授学习，现如今工资待遇为3500元/月，包食宿。

（3）黄彩虹，女，原百川物流1班学生，2014年在广亚铝业有限公司实习，其间参加成人高考，取得升学资格，在东北财经大学（佛山分校）函授学习，现如今工资待遇为3500元/月，包食宿。

（4）韦瑜，女，原百川物流1班学生，2013年参加"2+3"人才培养模式的对口升学，顺利被北京应用科技大学录取，并于2015年7月毕业，目前在柳州上班，是一名非常优秀的客服管理人才。

专业基础知识

一、物流的基本概念

1. 物流的定义

当前国内外对物流的定义很多，它们各有侧重，有的偏重物流系统组成，有的强调物流功能要素。其中比较有代表性的一种定义为：物流是指物质实体从供给者向需求者的物理移动，它由一系列创造时间价值和空间价值的经济活动组成，包括运输、保管、配送、包装、装卸、流通加工及物流信息处理等多项基本活动，是这些活动的统一。

2. 物流活动要素

物流活动的构成要素包括输送、储存、装卸、包装、流通加工、信息等。

（1）输送是使物品发生场所、空间移动的物流活动。输送体系中的运输主要指长距离两地点间的商品和服务移动，而短距离少量的输送常常称为配送。

（2）储存具有商品储藏管理的意思，它有时间调整和价格调整的功能。

（3）装卸是跨越交通机关和物流设施而进行的，发生在输送、保管、包装前后的商品取放活动。

（4）包装是在商品输送或储存过程中，为保证商品的价值和形态而从事的物流活动。

（5）流通加工是在流通阶段为保存而进行的加工或者同一机能形态转换而进行的加工。流通加工是提高商品附加值、促进商品差别化的重要手段之一。

（6）信息是使物流活动能有效、顺利地进行的消息。包括与商品数量、质量、作业管理相关的物流信息，以及与订、发货和货款支付相关的商流信息。

二、物流的类型

物流主要的分类方法有宏观物流和微观物流、社会物流和企业物流、国际物流和区域物流。

如果采用社会物流和企业物流分类方法则物流可被划分为：

1. 社会物流

社会物流是指超越一家一户的以一个社会为范畴面向社会为目的的物流。它是一个整体的物流系统。

2. 企业物流

企业物流是指在企业内部范围内物品的流动活动。它又可以区分为五个具体的物流活动，即生产物流、供应物流、销售物流、回收物流与废弃物物流。

3. 供应链概念

供应链是指在生产及流通过程中，涉及将产品或服务提供经最终用户活动的上游与下游企业，所形成的网链结构。我们可以简要地将供应链系统分成三个大的网络：供应网络、制造网络、分销网络。与这三个网络匹配存在有三种物流形态：供应物流、生产物流、分销物流。

一个企业的供应链系统是否具有竞争力，不仅要看这个企业自身的管理水平，而且还要看它和整个供应链上合作伙伴运作的协调水平。具体到物流管理而言，就是对供应链上的三个主要物流过程的运作要有很高的管理水平，才能使供应链系统真正具有竞争力。

三、物流基本活动

无论是传统物流还是现代物流，运输和储存都是最基本的活动，而在一定范围内将两者有机结合起来的配送活动在现代物流中开始崭露头角，我们也把它作为物流基本活动来论述。从空间上来看，物流系统是一个由线和点构成的网络。线上的活动就是运输，点上的活动就是仓储及一些辅助作业。

（一）运输

1. 运输的定义与功能

在物流过程中的运输，主要是指物流企业或受货主委托的运输企业，为了完成物流业务所进行的运输组织和运输管理工作。

2. 运输管理的基本原则

运输管理有两条基本原则：规模经济和距离经济。规模经济的特点是随着装运规模的增长，单位货物的运输成本下降。距离经济的特点是每单位距离的运输成本随运输距离的增加而减少。

3. 运输合理化的有效措施

要实现运输合理化，起决定作用的有五个主要因素：运输距离、运输环节、运输工具、运输时间与运输费用。以下为运输合理化的几项有效措施：

（1）提高运输工具实载率。提高实载率的意义在于：充分利用运输工具的额定能力，减少车船空驶和不满载行驶的时间，减少浪费，从而求得运输的合理化。

（2）采取减少动力投入，增加运输能力的有效措施求得合理化。如在铁路运输中，在机车能力允许情况下，多加挂车皮，在不增加机车情况下增加运输量。在公路运输中，实行汽车挂车运输，以增加运输能力等。

（3）发展社会化的运输体系。运输社会化的含义是发展运输的大生产优势，实际专业分工，打破一家一户自成运输体系的状况。

（4）开展中短距离铁路公路分流，"以公代铁"的运输。这一措施的要点，是在公路运输经济里程范围内，或者经过论证，超出通常平均经济里程范围，也尽量利用公路。

（5）尽量发展直达运输。此外，常见的合理化措施还有配载运输、合装整车运输、流通加工等。

（二）储存

（1）储存的定义与作用。这里所说的储存，主要是指生产储存和流通储存。如工厂为了连续生产而进行的原材料储存；商业、物资企业为了保证供应，避免脱销所进行的商品储存和物资储存。

（2）储存合理化概念及标志。储存合理化的含义是用最经济的办法实现储存的功能。合理储存的实质是，在保证储存功能实现前提下尽量少的投入，也是一个投入产出的关系问题。储存合理化的主要标志有质量标志、数量标志、时间标志、分布标志与费用标志。

（三）配送

配送是物流业一种新的服务形式，它的业务活动面很广。如物资供应部门给工厂的配送、商业部门给消费者的配送，还有工厂内部的供应部门给各个车间配送原材料、零部件等。配送业务强调及时性和服务性。此外，在由储存、运输和配送构建的物流体系框架中，还存在着诸多辅助性的物流活动。这些辅助性物流活动对于整个物流体系而言，又是不可或缺的。概括地讲，辅助性物流活动主要有三个：包装、装卸搬运和流通加工。

任务二 物流管理

一、物流系统的概念、组成及目标

1. 概念

物流系统是处在社会经济大环境中，由若干相互依赖、相互制约的部分紧密结合而形成的具有特定的有机整体，所以物流是一个系统。

2. 组成

物流系统由"物流作业系统"和支持物流信息流动的"物流信息系统"两大部分组成。物流作业系统包括运输、储存、搬运等活动。物流信息系统包括对物流作业系统中的各种活动下达命令、实时控制和反馈协调等信息活动。

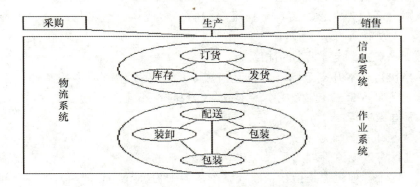

企业物流系统图

3. 目标

物流系统的目标是在及时、快速、准确地将货物送至客房的前提之下，使整个物流系统的成本最低。物流系统的发展趋势表现为以下几点，即大量化、共同化、短路化、自动化、信息化。

二、物流管理的定义和内容

1. 定义

物流管理是指在社会再生产过程中，根据物质资料实体流动的规律，应用管理的基本原理和科学方法，对物流活动进行计划、组织、指挥、协调、控制和监督，使各项物流活动实现最佳的协调与配合，以降低物流成本，提高物流效率和经济效益。

2. 物流管理的内容

（1）对物流活动诸要素的管理，包括运输、储存等环节的管理。

（2）对物流系统诸要素的管理，即对其中人、财、物、设备、方法和信息六大要素的管理。

（3）对物流活动中具体职能的管理，主要包括物流计划、质量、技术、经济等职能的管理等。

三、物流成本管理

现代物流管理的最终目标是降低物流成本，提高物流服务的质量。

1. 物流成本的定义与构成

物流过程中的各项业务活动所占用和消耗的货币费用，即为物流成本。为进行物流成本的计算，首先应对物流成本的构成进行分析。按不同的角度，物流成本的构成有不同的分类。

如按照物流的范围分类，物流成本可分为供应物流费，企业内物流费、销售物流费、回收物流费、废弃物流费。按照支付形态的不同分类，物流成本可分为材料费、人工费、公益费、维护费、一般经费、委托物流费等。

按照物流的功能物流成本可以分为物品流通费、信息流通费、物流管理费。

2. 物流成本控制

成本控制是指在物流活动过程中，按照规定的标准调节影响成本的各种因素，以将企业各项耗费控制在计划范围以内。成本控制的基本原则有：

（1）企业成本的日常管理应坚持统一领导和分级、归口管理相结合。

（2）以财会部门为中心，使其与物流部门的日常成本管理密切结合，对各项成本费用的核算均有人及时负责。

（3）做到一般控制与重点控制相结合。

（4）严格执行成本开支范围，防止乱挤成本的现象发生。成本控制的基本工作程序包括：①制定成本标准。②监督成本的形成。③及时纠正偏差。

四、物流管理机构

1. 物流管理组织的概念

组织是进行有效物流管理的手段。建立健全合理的物流管理组织是实现物流合理化的基础和保证。物流管理组织是指在企业或整个社会中为进行物流管理，把责任和权限体系化了的组织。它包含组织设计和组织管理两方面的内容。

2. 物流管理组织的原则

建立与健全物流管理组织必须按照以下原则，即有效性原则、统一指挥原则、合理管理幅度原则、协调原则及职责与职权对等原则。

3. 物流组织结构

（1）组织结构图（以制造企业的物流组织结构为例）。

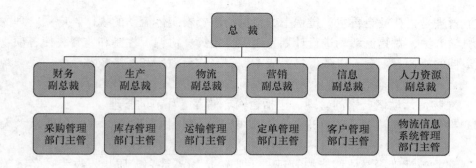

（2）部门职责。

1）采购管理：处理采购申请、选择供应商、价格谈判、签发采购订单、接受货物等。

2）库存管理：入库管理、库存盘点、库存保管与养护、出库管理、库存控制与统计分析。

3）运输管理：运输方式选择、运输路线选择、运输计划编制、运输合同管理、运输统计分析。

4）订单管理：接收订单、订单处理、通知仓库备货、安排运输等。

5）客户管理：客户档案管理、客户合同管理、客户分析、客户投诉处理、服务标准制定等。

6）物流信息管理：为上述功能提供信息服务。

五、电子商务环境下的物流业务流程

物流业务流程与商流、信息流及资金流的作业流程有关。电子商务环境下的物流作业流程与传统商务环境下的物流作业流程基本是一样的，目的都是要将用户所订货物送到用户手中，基本的业务包括进货、进货检验、分拣、储存、拣选、包装、分类、组配、装车及送货等。

案例：从英迈公司中国物流运作得到的启示

2000年一年英迈公司全部库房只丢了一根电缆。半年一次的盘库，由公证公司做第三方机构检验，前后统计结果只差几分钱。陈仓损坏率为0.3‰。运作成本不到营业总额的1%……这些都发生在全国拥有15个仓储中心，每天库存货品上千种，价值可达5亿元人民币的英迈中国身上，他们是如何做到的呢？近日，受邀参观了英迈中国在上海的储运中心，对英迈中国运作部强烈的成本概念和服务意识感触很深。几个数字，一毛二分三：英迈库中所有的货品在摆放时，货品标签一律向外，而且没有一个倒置，这是在进货时就按操作规范统一摆放的，目的是为了出货和清点库存时查询方便。运作部曾经计算过，如果货品标签向内，以一个熟练的库房管理人员操作，将其恢复至标签向外，需要8分钟，这8分钟的人工成本就是一毛二分三。3千克：英迈的每一个仓库中都有一本重达3千克的行为规范指导，细到怎样检查销售单、怎样装货、怎样包装、怎样存档、每一步骤在系统上的页面是怎样的等等，在这本指导上都有流程图，有文字说明，任何受过基础教育的员工都可以从规范指导中查询和了解到每一个物流环节的操作规范，并遵照执行。在英迈的仓库中，只要有动作就有规范，操作流程清晰的观念为每一个员工所熟知。5分钟：统计和打印出英迈上海仓库或全国各个仓库的劳动力生产指标，包括人均收货多少钱，人均收货多少行（即多少单，其中人均每小时收到或发出多少行订单是仓储系统评估的一个重要指标），只需要5分钟。在Impulse系统中，劳动力生产指标统计适时在线，随时可调出。而如果没有系统支持，这样的一个指标统计至少得一个月时间。10厘米：仓库空间是经过精确设计和科学规划的，甚至货架之间的过道也是经过精确计算的，为了尽量增大库存可使用面积，只给运货叉车留出了10厘米的空间，叉车司机的驾驶必须稳而又稳，尤其是在拐弯时，因此英迈的叉车司机都要经过此方面的专业培训。20分钟：在日常操作中，仓库员工从接到订单到完成取货，规定时间为20分钟。因为仓库对每一个货位都标注了货号标志，并输入Impulse系统中，Impulse系统会将发货产品自动生成产品货号，货号与仓库中的货位一一对应，所以仓库员工在发货时就像邮递员寻找邮递对象的门牌号码一样方便快捷。4小时：一次，由于库房经理的网卡出现故障，无法使用Impulse 系统，结果他在库房中寻找了 4 个小时，也没有找到他想找的网络工作站。依赖 IT 系统对库房进行高效管理，已经成为库房员工根深蒂固的观念。1 个月：英迈的库房是根据中国市场的现状和生意的需求而建设的，投入要求恰如其分，目标清楚，能支持现有的生意模式并做好随时扩张的准备。每个地区的仓库经理都要求能够在 1 个月之内完成一个新增仓库的考察、配置与实施，这都是为了飞快地启动物流支持系统。在英迈的观念中，如果人没有准备，有钱也没用。几件小事：

（1）英迈库房中的很多记事本都是收集已打印一次的纸张装订而成，即使是各层经理也不例外。

（2）所有进出库房都须严格按照流程进行，每一个环节的责任人都必须明确，违反操作流程，即使有总经理的签字也不可以。

（3）货架上的货品号码标识用的都是磁条，采用的原因同样是为了节约成本，以往采用的是打印标识纸条，但因为进仓货品经常变化，占据货位的情况也不断改变，用纸条标识灵活性差，而且打印成本也很高，采用磁条后问题得到了根本性解决。

（4）英迈要求与其合作的所有货运公司在运输车辆的厢壁上必须安装薄木板，以避免因为板壁不平而使运输货品的包装出现损伤。

（5）在英迈的物流运作中，厂商的包装和特制胶带都不可再次使用，否则，视为侵害客户权益。因为包装和胶带代表着公司自身知识产权，这是法律问题。如有装卸损坏，必须运回原厂出钱请厂商再次包装。而如果由英迈自己包装的散件产品，全都统一采用印有其指定国内总代理怡通公司标识的胶带进行包装，以分清责任。提起英迈，在分销渠道中都知道其最大优势是运作成本，而这一优势又往往被归因于其采用了先进的 Impulse 系统，但从以上描述中已可看出，英迈运作优势的获得并非看到的那样简单，而是对每一个操作细节不断改进，日积月累而成，从所有的操作流程看，成本概念和以客户需求为中心的服务观念贯穿始终，这才是英迈竞争的核心所在。英迈中国的系统能力和后勤服务能力在英迈国际的评估体系中仅被打了 62 分，刚刚及格，据介绍，在美国专业物流市场中，英迈国际能拿到 70~80 分。

作为对市场销售的后勤支持部门，英迈运作部认为，真正的物流应是一个集中运作体系，一个公司能不能围绕新的业务，通过一个订单把后勤部门全部调动起来，这是一个核心问题。产品的覆盖面不见得是公司物流能力的覆盖面，物流能力覆盖面的衡量标准是应该经得起公司业务模式的转换，换了一种产品仍然能覆盖到原有的区域，解决这个问题的关键是建立一整套物流运作流程和规范体系，这也正是大多数国内 IT 企业所欠缺的物流服务观念。

基本作业操作技能

任务一　仓储作业

一、物流装备认知

（1）现场认识实训室内现有设备，了解它们的性能参数和使用条件。

（2）在实训室观看物流系统运作流程的模拟演示，熟悉各种设备实际运作模式。

（3）了解整个设备的布局及连接方式。

（4）在实训室互联网上查找各种物流设备的性能指标，了解当今物流设备的发展趋势和应用情况。

二、手动液压托盘搬运车

1. 设备准备

手动托盘搬运车在使用时将其承载的货叉插入托盘孔内，由能力驱动液压系统来实现托盘货物的起升和下降，并由人力拉动完成搬运作业。它是托盘运输工具中最简便、最有效、最常见的装卸、搬运工具。

2. 实训操作

手动液压托盘搬运车的操作方法：检查舵柄→将货叉插入托盘槽内→启动液压设备→移动货品→货品放到目标位置→释放液压设备→抽出货叉→归还叉车。

3. 操作手动液压托盘搬运车操作方法

（1）检查舵柄。舵柄的作用是控制液压系统的启动。开启舵柄后，液压系统可以产生压力；释放舵柄后，液压系统的压力也随之消失。手动液压托盘搬运车当舵柄置于下方时，搬运车的液压系统启动。

当舵柄置于上方时，搬运车的液压系统释放。

检查舵柄的时候要求舵柄置于中间位置。

（2）将货叉推入托盘槽内。在货叉推入托盘槽内的时候，手柄应与地面或货叉保持垂直。同时，手臂伸直，两手同时抓住手柄的两端。货叉在推入过程中应尽量保持平衡，减少不必要的晃动。

（3）启动液压设备。货叉插入托盘槽后，将手柄的舵柄置于下方，上下摇动手柄，气动液压装置，使货叉带动托盘上升，上升到离地面无摩擦的距离后即可移动。

（4）移动货品至目标位置。移动货品的时候，应当尽量保持平衡，避免跑步推叉车和剧烈晃动叉车等不规范操作的出现。送到货位后，提起舵柄，使货叉下降。

（5）归还设备。将手动液压托盘搬运车归还到指定区域（设备堆放区）停放。

三、普通叉车操作

设备名称	作业高度	巷道宽度	作业灵活性	自动化程度
普通叉车	小于5米	最大	任意移动，非常灵活	一般为手动，自动化程度低

叉车被广泛用来承担装卸、搬运、堆码作业，具有适用性强、机动灵活、效率高等优点。

操作要点：

操作者必须持有特种设备使用操作证，按《设备管理规定》中岗前安全教育、三好、四会、五项纪律的培训，方可上岗作业。

1. 起动

（1）起动前，换挡柄置于空挡位置。接通电源，转动预热手柄起动，起动后立即将手柄拨回原位。如果在10秒内不能起动，应停歇5分钟后再试，如再三起动不了，应排除故障再起动。

（2）起动后，听发动机动转是否正常，检查液压系统有无漏油，升降油缸是否有力，变速箱油料是否足够，水箱的水量是否符合要求。

（3）检查发电机是否充电，大灯、小灯、后灯、制动灯、转向灯和喇叭是否工作正常，示警灯是否都熄灭了。

（4）检查前后轮胎气压，清除嵌在胎纹间的石子和夹物等。

2．开车

（1）慢速挡起步，检验制动器和转向是否良好。

（2）行车变速应先脱开离合器，再操作手柄变速。

（3）在转弯时，在人较多的场所、装运搬运货物时应减速慢行。

（4）前后换向时，要待叉车完全停稳后才能换向。

3．进行装卸，堆垛作业时

（1）货叉在规定的负荷中心，最大装载量不得超过叉车能力。

（2）根据货物大小调整叉间距离，使货物重量均匀分布在两叉之间。

（3）货叉插入货堆时，货叉架应前倾，货物装入货叉后，货叉架后倾，使货物靠紧叉壁才准行驶。

（4）升降货叉时，一般应在垂直位置下进行。

（5）在进行装卸时，必须使用手制动，使叉车稳定。货叉架下面禁止有人。不得在货叉上乘人开起。

（6）载货行驶时，应使货叉后倾，货叉离地面 300mm 左右，在一般情况下运行时，不得作剧烈的刹车和急转弯。

（7）当货叉架前后倾至极限位置或开最大高度时，必须迅速地将操纵手柄置中间静止位置，在操纵一个手柄时，注意不使另外的手柄移动。

（8）当搬运大体积货物时，货物挡住驾驶员的视线，叉车应倒车低速行驶。

（9）装载货物下大坡度时，应将货物与叉壁系牢，并且慢速行驶，避免急刹，必要时应倒车行驶。

（10）不得用货叉拨起埋入物，必要时，先计算拨取力。

4．停车

（1）拉紧手制动杆，换挡手柄置于"空"速挡。

（2）发动机熄火之前，慢速运转 2～3 分钟。

（3）清洗车内外的污垢，检查各部紧固件连接有无松动或渗漏。

任务二 商品的堆码

一、操作说明

堆码是将物品整齐、规则地摆放成货垛的作业。根据货物的包装、外形、性质、特点、重量和数量，结合季节和气候情况，以及储存时间的长短，将货物按一定的规律码成各种形状的货垛。堆码的主要目的是便于对货物进行维护、查点等管理和提高仓容利用率。

（一）堆码的基本原则

1. 分类存放

分类存放是仓库储存规划的基本要求，是保证物品质量的重要手段。不同类别的货物应分类存放，甚至需要分库存放；不同规格、不同批次的货物要分位、分堆放；残损货物要与原货分开，放在原货堆。对于需要分拣的货物，在分拣之后，应分类存放，以免又混合；不同流向的货物、不同经营方式的货物也要分类存放。

2. 适当的搬运活性、摆放整齐

为了减少作业时间、次数，提高仓库周转速度，根据货物作业的要求，合理选择货物的搬运活性。对搬运活性高的货物，也应注意摆放整齐，以免堵塞通道，造成仓容浪费。

3. 尽可能码高、稳固货垛

为了充分利用仓容，存放的货物要尽可能码高，使货物最少占用地面面积。能码高时可采用货架，充分利用空间。货物堆垛必须稳固，避免倒垛、散垛，必要时采用稳固方法。

4. 面向通道、不围不堵

面向通道包括两个意思，一是货垛以及货物的正面尽可能面向通道，以便查看，货物的正面是指标注主标志的一面。二是所有货物的货垛、货位都有一面与通道相连，处在通道旁，以便能对货物进行直接作业。只有所有货位都与通道相通时，才能保证不围不堵。因此，仓库管理人员在进货堆垛时就应当注意货物要按照操作规范统一摆放，例如货物的标签一律向外，方便出货和清点库存。

（二）堆码的基本要求

1. 合理

合理是指性质、品种、规格、等级、批次不同的货物和不同客户的货物，应分开堆放。货垛形式适应货物的性质，有利于物品的保管，能充分利用仓容和空间；货垛间距符合作业要求以及防火安全要求；大不压小、重不压轻、缓不压急、不会围堵物品，特别是后进货物不堵先进货物，确保"先进先出"。

2. 牢固

牢固是指堆放稳定结实，货垛稳定牢固，不偏不斜。货垛形式要保证不压坏底层货物或外包装，不超过地面的承载能力；货垛较高时，上部适当向内收缩；易滚动的物品要固定，必要时使用绳索、绳网对货垛进行绑扎固定。

3. 定量

定量是指每一货垛的货物数量保持一致。货垛应该采用固定的长度和宽度，俱为整数。如五五化堆码，以便做到过目知数。

4. 整齐

整齐是指货垛堆放整齐，垛形、垛高、垛距标准化和统一化，货垛上每件货物都排放整齐；货物外包装的标记和标志要面向通道。

5. 节约

节约则是指尽可能堆高，避免少量货物占用一个货位，以节约仓容，提高仓库利用率；妥善组织安排，做到一次作业到位，避免重复搬运，节约劳动消耗；合理使用苫垫材料，避免浪费。

6. 方便

方便是指选用的垛形、尺度、堆垛方法应方便堆垛、装卸搬运作业，从而提高作业效率；垛形方便点数，查验货物，方便通风等保管作业。

二、实训操作

（一）重叠式堆码

1. 工具准备

操作人员要将训练使用的纸箱及托盘准备好。按托盘的规格及纸箱的规格，决定纸箱的数量。

2. 明确重叠方法

操作人员要明确堆叠方法，遵循以下堆叠原则：

（1）将货品箱平行排列，根据托盘规格决定列数和每列的数量。

（2）堆码过程中按先远后近的原则堆码。

（3）将底层的货品堆码整齐，箱与箱之间不留空隙。

（4）箱与箱的交接面为正面与正面衔接，侧面与侧面衔接。

（5）将货品箱逐层叠堆码，层与层之间的货品箱平行，货品箱的四个角重叠，方向相同，直到堆码完成。

3. 按堆叠标准进行堆叠

在堆码过程中，要注意先堆码离操作员远的位置，然后再堆码靠近操作员位置的。这样，操作人员的行进距离缩短，减少工作量。

4. 审核

审核的标准为：堆码的纸箱不超出托盘的范围、整齐、不超高。

（二）正反交错式堆码

1. 工具准备

操作人员要将训练使用的纸箱及托盘准备好。按托盘的规格及纸箱的规格，决定纸箱的数量。

2. 明确重叠方法

操作人员要明确堆叠方法，遵循以下堆叠原则：

（1）每层货品箱在排列的时候，列与列之间的货品箱垂直放置。

（2）箱与箱的交接面为正面与侧面衔接。

（3）层与层之间的货品箱摆放的时候，上层的货品箱与下层的货品箱旋转180°摆放。

3. 按堆叠标准进行堆叠

在堆码过程中，要注意先堆码离操作员远的位置，然后再堆码靠近操作员位置的。这样，操作人员的行进距离缩短，减少工作量。

整齐、合理地利用托盘的承载面积，按堆叠标准进行堆叠。

4. 审核

审核的标准为：堆码的纸箱不超出托盘的范围、整齐、不超高。

（三）纵横交错式堆码

1. 工具准备

操作人员要将训练使用的纸箱及托盘准备好。按托盘的规格及纸箱的规格，决定纸箱的数量。

2. 明确重叠方法

操作人员要明确堆叠方法，遵循以下堆叠原则：

（1）货品箱的每层堆码方式与重叠式一样，水平同方向摆放。

（2）货品箱的第二层与底层旋转90°摆放，如此循环，直到堆码结束。

3. 按堆叠标准进行堆叠

在堆码过程中，要先堆码离操作员远的位置的，然后再堆码靠近操作员的位置的。这样，操作人员的行进距离缩短，减少工作量。

4. 审核

审核的标准为：堆码的纸箱不超出托盘的范围、整齐、不超高。

（四）旋转交错式

1. 工具准备

操作人员要将训练使用的纸箱及托盘准备好。按托盘的规格及纸箱的规格，决定纸箱的数量。

2. 明确重叠方法

操作人员要明确堆叠方法，遵循以下堆叠原则：

（1）货品箱的每层摆放为：相邻的货品箱相互垂直旋转摆放；根据托盘及货品箱的规格或两个货品箱为一个单位相互垂直摆放。

（2）每个堆码单位的交界面必须有一个正面和一个侧面。

3. 按堆叠标准进行堆叠

在堆码过程中，要先堆码离操作员远的位置的，然后再堆码靠近操作员位置的。这样，操作人员的行进距离缩短，减少工作量。

4. 审核

审核的标准为：堆码的纸箱不超出托盘的范围、整齐、不超高。

三、练习

各组进行操作训练，填写实训报告。

任务三　运输作业

一、物流运输设备

载货汽车、铁道货车、货船、空运设备和管道设备等。

二、运输各类

（一）公路运输设备

1. 专用运输车辆

主要有自卸车、散粮车、挂车或货车即箱式车、敞车、平板车、挂车、罐式挂车、冷藏车、高栏板车、特种车。

（1）自卸式货车。这种货车动力大，通过能力强，可以自动后翻或侧翻，物品可以凭借本身的重力自行卸下。一般用于矿山和建筑工地及煤和矿石的运输。物流公司通常不会使用这种货车。

（2）散粮车。散粮车的专用性很强，供承运粮食使用。

（3）箱式车。由于箱式车结构简单，运力利用率高，适应性强，所以是物流领域应用前景最广泛的货车。箱式车的主要特点是车厢是全封闭的，车门便于装卸作业，能够实现"门到门"运输。封闭式的车厢不仅可以使货物免受风吹日晒和雨淋，还可以防止货物的散失，减少货损，提高运输质量。

（4）敞车。因为顶部敞开，敞车可以装载高低不等的货物。

（5）平板车。这种车主要用于运输钢材和集装箱等货物。

（6）罐式货车。这种车具有密封性强的特点，适用于运输流体类物品（如石油）及易挥发、易燃等危险品。

（7）冷藏车。这种车主要用于运送需对温度进行控制的冷藏保鲜的易腐易变质及鲜活物品。

（8）栏板式货车。这种车的特点是整车重心低，载重量适中。主要用于装载百货和杂品。

（9）集装箱牵引车和挂车。集装箱牵引车专门用于拖带集装箱挂车或半挂车，两者结合组成车组，是长距离运输集装箱的专用机械，主要用于港口码头、铁路货场与集装箱堆场之间的运输。集装箱挂车按拖挂方式不同，分为半挂车和全挂车两种，其中半挂车最为常用。

2. 载货汽车

载货汽车按载货量分，有重型、轻型载货汽车；按汽车的大小分，有大型、中型、微型载货汽车。其中，进行室内的集货、配货可以用微型和轻型货车，长距离的干线运输可以用重型货车，短距离的室外运输可以用中型货车。

（二）铁路运输设备

铁路车辆是运送客货的工具，在运行中需要连挂成列车由机车牵引前进。车辆按照运送对象不同，可以分为客车和货车。货车的种类很多，如有棚车、敞车、平车、罐车、保温车等。运输怕湿及贵重物品时，物流企业可以选择棚车。当货物是不怕湿的散装货或一般机械设备时，可以使用敞车。平车一般用于装运长大货物（木材）及集装箱。同货运汽车一样，罐车主要适用于装运液体、半液体和粉状物品。保温车主要是用来装运新鲜易腐货物及对温度有特殊要求的某些医药。

（三）水路运输设备

船舶是航行或停泊在水域进行运输或其他作业的工具。物流企业使用的主要是货船。按照货船载运货物的不同，可以把货船分为以下几种：

（1）干散货船。即散装货船，用来装载无包装的大宗货物。因为所运载的物品无须成捆、成包、成箱包装，不怕挤压，便于装卸，所以散货船一般都是单甲板船。运输粮食、煤等一般用干散货船。

（2）杂货船。即普通货船，一般载重量不是很大，为了理货方便而设有两三层甲板，通常装有起货设备（如吊杆或液压旋转吊），许多万吨级的杂货船，常设有深舱。杂货船的运输速度不是很高。杂货船主要用于装载一般包装、袋装、箱装及桶装的什杂货物。新型的杂货船一般为多用途船，既能运载普通什杂货物也能运载散货、大件货、冷藏货与集装箱。

（3）冷藏船。冷藏船是指冷藏并运输肉、鱼、蛋、鲜奶、水果、蔬菜等物品的船舶。多数的食品类物品在常温条件下长时间运输、保管，会发生腐烂变质。而冷藏船最大的特点就在于其货舱实际上是一个大型冷藏库，可提供货物久藏所需的温度。因为不同种类的货物所要求的温度不同，所以冷藏船又据此分为保温运输船（主要用于运输水果、蔬菜）和冷冻船（运输肉、鱼等冷冻性货物）。

（4）木材船。顾名思义，木材船是专门用来装载木材或原木的船舶。这种船的特点是舱口大，船舱和甲板上都可装载木材。

（5）原油船。专门载运原油的船舶。这种船舶的载重量很大。

（6）成品油船。专门运输汽油、柴油等石油制品的船舶，有很高的防火、防爆要求。

（7）集装箱船。是专门运载集装箱的船舶，又称箱装船或货箱船。集装箱船的全部或大部分船舱都用来装载集装箱。集装船货舱的尺寸都按载箱的要求规格化。集装箱船装卸效率高，有效地缩短了在港时间。这种船的航速一般较高。集装箱船又有部分集装、可变换集装和全集装箱船之分。

（8）滚装船。这种船主要用来装载运输汽车和集装箱，在船侧或船首、尾有开口斜坡与码头连接。它的优点主要是不依赖码头的装卸设备，装卸速度快，可加速船舶周转。

（9）液化气运输船。是专门运输液化气体的船舶。这些液化气体主要包括液化天然气、液化石油气、氨水、乙烯和液氯。

（10）载驳船。这是一种专门载运货驳的母子船。采用这种船的运输业务流程是先把物品装上方形货驳，再把货驳装上载驳船，运送到目的港后，把货驳卸下，用拖船把货物分送各自目的地。这种船装卸效率高，适宜于海河联运。

（四）其他运输设备

这主要包括航空运输设备和管道运输设备。

1. 航空运输设备

主要包括航空港和航空器。

（1）航空港。即航空站或机场，是航空运输的经停点，供飞机起飞、降落和停放等。

（2）航空器。对物流企业来说，航空器主要是指民用飞机中的货机或货客两用机。货机运量大，但经营成本高，只限于某些货源充足的航线使用，所以其运输成本也很高。趋势是客货混合机发展很快，因为可以同时运送旅客和货物，并根据运输需要适时调整运输安排，灵活性高。

2. 管道运输设备

物流企业在进行管道运输时，主要是对不同输送管道进行选择。运输管道按输送物品的不同分为原油管道（运送原油）、成品油管道（输送煤油、汽油、柴油、航空煤油、燃料油和液化石油气）、天然气管道（输送天然气和油田伴生气）和固体料浆管道（如输送煤炭料浆）。

三、运输的操作作业流程

（1）要有客户业务货源以及运输业务的货源信息。

（2）要有基本能够承担客户货物运输业务的车辆及其固定资产的配备。

（3）要有能够保证完成客户货物运输的操作人员与管理人员。

1）要有联系业务的人员。

2）要有安排车辆及货物运输的调度人员。

3）要有接收运输信息与财务结算的人员。

4）要有司机送货人员。

5）如果有仓储还要有货物收发的保管人员。

6）最后要有一个牵头的负责人。

（4）实际业务操作流程。

1）业务员联系客户运输任务，与负责人一道同客户签订货物运输合同（包括运输方式、货物名称、地点、时间、数量、价格、结算付款等）。

2）业务员、信息员承接委托货物运输单据信息。

3）调度员按客户运输单的内容要求安排车辆、司机、送货人员及运输路线等。

4）送货负责人与客户办理运输货物的交接签字手续。

5）业务与财务人员与客户办理运输费用的对账结算手续。

（5）调度员负责车辆运输的安全与维修维护工作。

（6）单位负责人负责对员工的薪资分配工作。

任务四　配送作业

一、物流配送工作流程

1. 货物入库

（1）物流配送中心根据客户的入库指令视仓储情况做相应的入库受理。

（2）按所签的合同进行货物受理并根据给货物分配的库区库位打印出入库单。

（3）在货物正式入库前进行货物验收，主要是对要入库的货物进行核对处理，并对所入库货物进行统一编号（包括合同号、批号、入库日期等）。

（4）然后进行库位分配，主要是对事先没有预分配的货物进行库位自动或人工安排处理，并产生货物库位清单。

（5）库存管理主要是对货物在仓库中的一些动态变化信息的统计查询等工作。

（6）对货物在仓库中，物流公司还将进行批号管理、盘存处理、内驳处理和库存的优化等工作，做到更有效的管理仓库。

2. 运输配送

（1）物流配送中心根据客户的发货指令视库存情况做相应的配送处理。

（2）根据配送计划系统将自动地进行相应的车辆、人员出库处理。

（3）根据选好的因素由专人负责货物的调配处理，可分自动配货和人工配货，是为了更高效地利用物流公司手头的资源。

（4）根据系统的安排结果按实际情况进行人工调整。

（5）在安排好后，系统将根据货物所放地点（库位）情况按物流公司自己设定的优化原则打印出拣货清单。

（6）承运人凭拣货清单到仓库提货，仓库做相应的出库处理。

（7）装车完毕后，根据所送客户数打印出相应的送货单。

（8）车辆运输途中可通过 GPS 车辆定位系统随时监控，并做到信息及时沟通。

（9）在货物到达目的地后，经受货方确认后，凭回单向物流配送中心确认。

（10）产生所有需要的统计分析数据和财务结算，并产生应收款与应付款。

二、配送流程

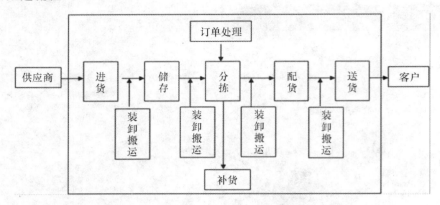

1. 备货

配送的准备工作和基础工作。备货工作包括筹集货源、订货、采购、集货、进货及有关的质量检查、结算、交接等。

配送的优势之一，就是可以集中若干用户的需求进行一定规模的备货。备货是决定配送成败的初期工作，如果备货成本太高，会大大降低配送的效率。

2. 储存

配送中的储存有储备及暂存两种形态。

（1）储备。配送储备是按一定时期的配送经营要求，形成的对配送的资源保证。这种类型的储备数量较大，储备结构也较完善，视货源及到货情况，可以有计划地确定周转储备及保险储备结构及数量。配送的储备保证有时在配送中心附近单独设库解决。

（2）暂存。一种储存形态是暂存，是具体执行配送时，按分拣配货要求，在理货场地所做的少量储存准备。由于总体储存效益取决于储存总量，所以，这部分暂存数量只会对工作方便与否造成影响，而不会影响储存的总效益，因而在数量上控制并不严格。

另一种形式的暂存，是在分拣、配货之后形成的发送货载的暂存，这个暂存主要是调节配货与送货的节奏，暂存时间不长。

3. 分拣及配货

分拣及配货是配送不同于其他物流形式的有特点的功能要素，也是配送成败的一项重要支持性工作。分拣及配货是完善送货、支持送货准备性工作，是不同配送企业在送货时进行竞争和提高自身经济效益的必然延伸，所以，也可以说是送货向高级形式发展的必然要求。有了分拣及配货，就会大大提高送货服务水平，所以，分拣及配货是决定配送系统水平的关键要素。

4. 配装

在单个用户配送数量不能达到车辆的有效载运负荷时，就存在如何集中不同用户的配送货物，进行搭配装载以充分利用运能、运力的问题，这就需要配装。

和一般送货不同之处在于，通过配装可以大大提高送货水平及降低送货成本，所以配装也是配送系统中有现代特点的功能要素，是现代配送不同于传统送货的重要区别之处。

5. 配送运输

配送运输属于运输中的末端运输、支线运输，与一般运输形态主要区别在于：配送运输是较短距离、较小规模、频度较高的运输形式，一般使用汽车和其他小型车辆做运输工具。

6. 送达服务

配好的货运输到用户还不算配送工作的完结，这是因为送货和用户接货往往还会出现不协调，使配送前功尽弃。因此，要圆满地实现运到货的移交，并有效、方便地处理相关手续并完成结算，还应讲究卸货地点、卸货方式等。送达服务也是配送独具的特殊性。

7. 配送加工

在配送中，配送加工这一功能要素不具有普遍性，但是往往是有重要作用的功能要素。主要原因是通过配送加工，可以大大提高用户的满意程度。配送加工是流通加工的一种，但配送加工有它不同于一般流通加工的特点，即配送加工一般只取决于用户要求，其加工的目的较为明确。

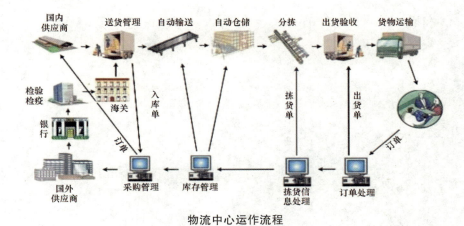

物流中心运作流程